AUS LIEBE GESCHEHEN

Wie mit Apollonia Radermecher die Geschichte der Schwestern der heiligen Elisabeth begann ...

Angela Reinders

Hrsg. v. d. Ordensgemeinschaft der Elisabethinnen e. V. Aachen

Mit freundlicher Unterstützung der Pax-Bank eG, Aachen und der Pax-Versicherungsdienst GmbH, Köln

Einhard Verlag

IMPRESSUM

Bibliografische Information der Deutschen Nationalbibliothek:
Die Deutsche Nationalbibliothek verzeichnet diese Publikation in der Deutschen Nationalbibliografie; detaillierte bibliografische Daten sind im Internet über **http://dnb.d-nb.de abrufbar**.
1. Auflage 2018. Alle Rechte vorbehalten. Printed in Germany

Herausgeber: Ordensgemeinschaft der Elisabethinnen e. V.
Preusweg 2, 52074 Aachen
Text: Angela Reinders, Aachen
Fotos: Schwestern der hl. Elisabeth & Christiane Kuck
Titelbild: Ein junger Klostergast auf unserer Kirchentreppe. Bewegt das Mädchen auch die Frage: „Wie hat es mit den Schwestern hier angefangen?"
Bildgestaltung: Christiane Kuck, Würselen
Grafik/Design: Olga Boni, Aachen
© 2018 Einhard Verlag GmbH, Aachen
Druck: XPrint Medienproduktion, Aachen

ISBN 978-3-943748-50-5

Vorwort	7
Vorspiel	8
Ich bin der Weg (Johannes 14,6)	10
Ich bin die Tür (Johannes 10,9)	14
Ich bin die Auferstehung und das Leben (Johannes 11,25)	20
Ich bin das lebendige Wasser (nach Johannes 7,38)	28
Ich bin der gute Hirte (Johannes 10,11)	32
Lebensbeschreibung von Mutter Apollonia	44
Ich bin das Brot des Lebens (Johannes 6,35)	46
Ich bin der Weinstock, ihr seid die Reben (Johannes 15,5)	52
Ich bin das Licht der Welt (Johannes 8,12)	64
Literatur und Links	72

Liebe Leserinnen, liebe Leser,

ein handliches, gut lesbares Büchlein soll es sein, für alle, die etwas mehr über unsere Mutter Apollonia und unsere Ordensgemeinschaft erfahren möchten.

Apollonia Radermecher „Mutter" zu nennen, ist für uns Schwestern der heiligen Elisabeth eine Freude und ein Privileg, das wir gerne mit Ihnen teilen. Alle Menschen sind uns ein Geheimnis, selbst die eigene Mutter, so dass deren Wesen mit Bedacht erschlossen sein will. Apollonia wurde zur Mutter, indem sie Frauen um sich sammelte und gemeinsam mit ihnen eine Schwesterngemeinschaft bildete – und dies bis heute. Ihren Charakter und ihr Wesen nach rund 400 Jahren zu entschlüsseln, ist eine Herausforderung, der sich die Autorin Dr. Angela Reinders auf unsere Bitte hin gestellt hat. Sie begab sich mit viel Esprit auf Spurensuche, und so nahm ein unverwechselbarer Text Gestalt an, der die Lücken zu schließen versucht, den die Zeit entstehen ließ.

Apollonia berichtet in ihren Briefen nur am Rande davon, was die Jahrzehnte in ihrem Exil ausmachten. Alle Originalbriefe sind zudem in den Wirren des letzten Weltkrieges vernichtet worden. So sind uns Apollonias Worte vor allem aus der hervorragenden Chronik zu unserem 300. Ordensjubiläum 1922 aus der Feder unserer Schwester Willibalda Schmitz-Dobbelstein überliefert. Dennoch schimmert Apollonias Persönlichkeit und ihre Ausstrahlung bis zu uns heute durch. „Aus Liebe geschehen" ist ein solcher Kernsatz, der diesem Büchlein den Titel gab. Die damit zum Ausdruck gebrachte Grundhaltung hat das Leben und Wirken unserer Schwestern durch die Jahrhunderte hinweg geprägt. Gottes Liebe, von der Apollonia sagt: „In Wahrheit, ich kann nicht sagen, mit was für Liebe Gott mich bindet und unterhält", ließ das Leben Mutter Apollonias gelingen und ihre Ordensgründung gedeihen.

Aus dem Bewusstsein, von Gott geliebt und gesandt zu sein, buchstabieren wir bis heute ihre Worte: „Der Dienst an den Kranken soll allzeit aus Liebe und nicht um Lohn geschehen." Wir freuen uns, Sie mitzunehmen in dieses Abenteuer und wünschen Ihnen eine besinnliche und fruchtbare Lektüre.

Schwester Marianne Liebl

Generaloberin der Aachener Elisabethinnen

Aachen, den 09.09.2018

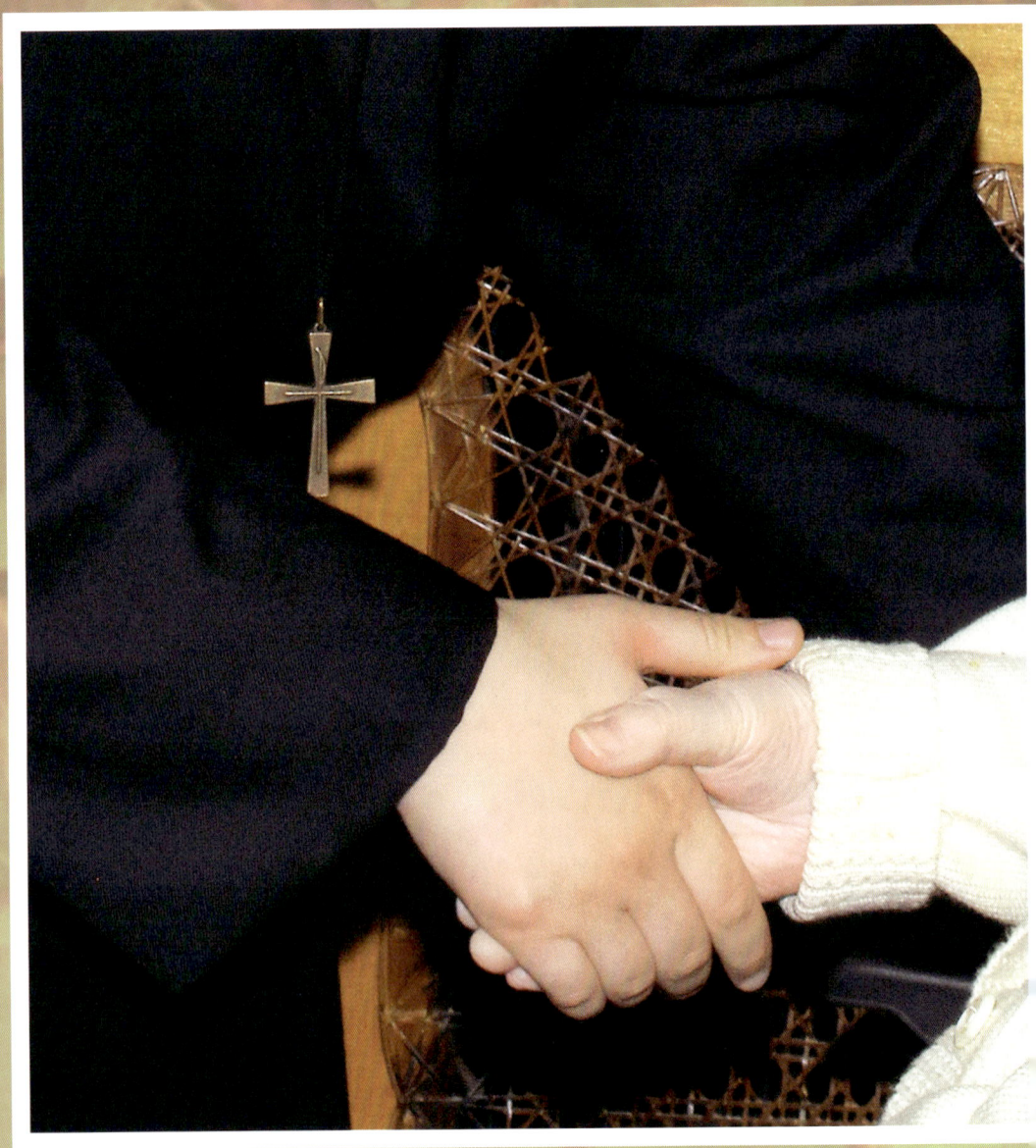

„Alle Schwestern, die aufgenommen werden, sollen darauf den Habit begehren und die Profess ablegen, dass sie alle zu ihrer Zeit den Kranken getreulich dienen wollen."
Mutter Apollonia Radermecher (1626)

VORSPIEL

Ein „Beiaard" im heutigen Niederländisch ist ein Glockenspiel, ein Carillon, ein großes, mit einer Klaviatur bespielbares Instrument, vorzugsweise in einem Glockenturm. Es ist nicht ganz gesichert, wie der Name auch zur Bezeichnung einer Gemeinschaft wurde, selbst wenn sie keinen Glockenturm hat. Möglicherweise geht er auf die Gründung durch einen Kanoniker mit dem Namen Jan Bayart zurück.

Doch wer auch immer diese Bezeichnung für Krankensäle im Mittelalter fand, wie solch einer ab 1622 mit nur einer kleinen Glocke auch am Aachener Radermarkt eingerichtet wurde, hat nicht falsch gewählt: ein „Glockenspiel", eine Harmonie aus Schwestern, priesterlichen Begleitern und nicht zuletzt den Kranken, denen die Einrichtung Unterkunft und Betreuung bot, ist es allemal, was dort als Klangbild entstand. So ging die Bezeichnung „Beiaard" auch auf das Kernstück des mittelalterlichen Spitals über.

Eine war dazu ausgewählt, für den Grundton zu sorgen und erste Harmonien auf der Klaviatur zu spielen: Apollonia Radermecher, eine Frau, gebürtig aus Aachen, die zu diesem Auftrag ihren niederländischen Wohnsitz in s'Hertogenbosch verließ.

Schwestern der heiligen Elisabeth miteinander unterwegs im Klostergarten.

ICH BIN DER WEG

(Johannes 14,6)

Für die Niederlande, die zu der Zeit unter spanischer Herrschaft standen, war das Jahr 1559 geprägt von Bistumsgründungen: im Norden Utrecht mit Haarlem, Middelburg, Leeuwarden, Deventer und Groningen, Mecheln mit Antwerpen, s'Hertogenbosch, Gent, Brügge und Ypern und Roermond im Süden des Landes. Das Bistum Lüttich gehörte weiterhin dem Metropolitanverband des Erzbistums Köln an. Aachen und die Gebiete westlich der Wurm gehörten zu ihm. Diese Bistumsgründungen setzten Impulse für die Ansiedlung neuer Ordensgemeinschaften. Bereits 1228 hatten sich in s'Hertogenbosch Franziskaner angesiedelt, im Bistum und vornehmlich der Stadt Utrecht gründeten sie ab 1240 Klöster, ebenso die Dominikaner. In die Klosterlandschaft fügten sich ebenfalls früh Karmeliter- und Augustiner-Eremiten ein.

Einzelne Wegmarken in dieser religiösen Landschaft setzten Wallfahrtsorte. Das Bedürfnis nach Glaubenserfahrung, Umkehr und Gottsuche wuchs im dreizehnten Jahrhundert, heilige Stätten nahmen zu und damit auch der Glaube an eine besondere Ausstrahlung dieser Orte, die häufig Reliquien von Heiligen oder heiligmäßiger Menschen bewahrten. In Aachen wurden die vier Reliquien aus dem Heiligen Land schon von karolingischer Zeit an verehrt und ab 1349 alle sieben Jahre den Gläubigen bei der Heiligtumsfahrt gezeigt. In s'Hertogenbosch war es ein Marienbildnis, das besondere Anziehungskraft und in der Wahrnehmung der Gläubigen Wundermacht besaß.

Als Orte der Gottesbegegnung am Wegesrand boten sich aber auch Menschen an, die eine eigene Spiritualität lebten, ohne einem Orden anzugehören. Unter diesen charismatischen und visionären Glaubensgestalten waren auffallend viele Frauen. Im zwölften Jahrhundert bereits war die Gemeinschaft der Beginen in den Niederlanden entstanden. „Die Bezeichnung ‚Begine'", so kennzeichnet sie die Kirchenhistorikerin Rosel Oehmen-Vieregge, „galt für alleinstehende Frauen, die ein religiöses Leben außerhalb des Klosters wählten und entweder alleine oder mit gleichgesinnten Frauen in Wohn- und Arbeitsgemeinschaften zusammenlebten."

Menschen in besonderen Frömmigkeitsformen wirkten anziehend auf eine Gesellschaft, die inmitten von Gottesfurcht und existenziellen Ängsten vor Krieg, Hunger und ansteckenden Krankheiten hoch aufgeladen war mit einer Sehnsucht nach heiligen Zeichen. Die Wirkungsstätten, aber auch die Gräber von Asketen und heiligmäßigen Frauen und Männern wurden zu Orten, die man aufsuchte und von denen man sich versprach, sich durch den Kontakt vor Gott heiligen zu können. Die Kirche verwies stets auf die Werke der Barmherzigkeit als richtigen Weg – auf der Grundlage der Weisung Jesu: „Seid barmherzig, wie es auch euer Vater ist!", in der Feldrede, wie sie der Evangelist Lukas überliefert (Lk 6,36). „Dadurch wurde die Armen- und Krankenpflege aus religiösen Motiven, um Gottes willen, ein Werk des Christentums", schreibt Willibalda Schmitz-Dobbelstein, Hospitalschwester von St. Elisabeth.

„Man pflegte und unterstützte fortan die Armen und Kranken als in Christus Erlöste, als Christus im Leiden gleichförmig geworden", und fand ihn in jedem Kranken auf dem Weg. „Natürlich konnten sich vor allem wohlhabende Weltliche durch gute Werke ... auszeichnen", beschreiben die Historiker Joris van Eijnatten und Frederik van Lieburg: „Das Los der Kranken und Armen bildete in Testamenten oft einen abschließenden Posten."

Das Pilgerwesen belebte nicht nur die Spiritualität, sondern führte auch lokal zu wirtschaftlicher Blüte. Gaststätten entstanden, in denen Pilger Aufnahme erfuhren. Doch nur in den Klöstern fanden Pilger nicht nur Unterkunft und Nahrung, sondern Notleidende und Kranke auch Pflege und Fürsorge um Leib und Seele.

Von der Bewegung in dieser Zeit zeugen nicht nur zahlreiche Fußpilgerwege, sondern auch Straßennamen geben Hinweise auf Art und Mittel der Mobilität. Es ist ein Zufall, dass ausgerechnet eine Frau mit dem Nachnamen Radermecher zu einem Amt für das Gasthaus am Radermarkt berufen werden sollte, am „forum rotarum", wie die Adresse erstmals 1230 benannt wurde, an dem die Rad- und Stellmacher wohnten.

Klosterpforte des Mutterhauses der Elisabethinnen – an der Wand das Ordenssiegel der „Hospitalschwestern von St. Elisabeth zu Aachen"

ICH BIN DIE TÜR
(Johannes 10,9)

„Herzlich geliebte Schwester! Ist es, dass die Liebe ist des anderen Ich, so wie Euer Liebden wohl schon etwas mitgefühlt haben von unseren gegenwärtigen neuen Kreuzchen." Eine Frau, die so einen Brief beginnt an die Freundin, an die, um genau zu sein, um sechsundzwanzig Jahre jüngere Freundin, aus deren Brief lässt sich schon aus den kleinen Sätzchen viel herauslesen. Nicht mit Namen redet sie die Freundin an, sondern nennt sie „Schwester". Da spricht eine Frau, zur innigen Bindung fähig und dazu, ihr Ausdruck zu geben. Ein Mensch voll von mütterlicher Liebe und voll Erfahrung mit der Freundschaft zu einem anderen Menschen. Mitgefühl ist ihr nicht fremd und nein, auch nicht die „Kreuzchen", kleine Anlässe, sich im Leben zu beklagen, immer im Licht des mitleidenden Christus gedeutet und immer kleiner als das, was er trug und ertrug. Immer mit ihm auf dem Weg zwischen seiner Verkündigung und seinem Leiden, das sich im Leiden von Menschen in ihrer Umgebung spiegelt.

Apollonia Radermecher schreibt hier ihrer Freundin Leonora. Beide wohnen sie in s'Hertogenbosch, gut hundert Kilometer von Aachen entfernt.

Erst mit vierzig Jahren hatte sich Apollonia hier angesiedelt. Den Eheleuten Peter Radermecher und Christine Esch wurde sie am 9. September 1571 im Aachener Rathaus geboren als Schwester ihres älteren Bruders Heinrich – ein ungewöhnliches Geburtshaus für eine ungewöhnliche Frau, zu der sie werden sollte. Ihre Zeitgenossinnen und Zeitgenossen sind Teresa von Avila, Franz von Sales und Vinzenz von Paul – unterschiedliche Zugänge zum Glauben in dieser unruhigen Phase mitten im Dreißigjährigen Krieg.

Bei der Taufe der kleinen Apollonia im Hohen Dom zu Aachen, vier Tage nach ihrem Geburtstag (13.09.1571), übernahm die Frau des Bürgermeisters Schrick das Patenamt – ein Hinweis auf das hohe gesellschaftliche Ansehen der Familie, das sich nicht zuletzt vom Amt Peter Radermechers als Türwächter im Rathaus ableitet.

Ein weiterer Bruder Apollonias hieß Leonhard. Auch die Schwester Apollonias, Maria, sollte später einen Bürgermeister heiraten, Caspar von Lovenich.

Die Tür zum Rathaus schloss sich für Peter Radermecher und seine Familie zwischen 1574 und 1576. 1574 wird Apollonias Vater noch als Beamter erwähnt, 1576 ein Henrich Josten als sein Nachfolger. Sehr wahrscheinlich lösten konfessionelle Streitigkeiten seine Entlassung aus. In den Auseinandersetzungen mitten im Prozess der Reformation hatte noch 1560 eine kaiserliche Kommission angemahnt, dass entsprechend des Ratswahldekrets nur Katholiken in den Rat der Stadt Aachen gewählt werden könnten, 1580 jedoch ergab sich bei der Wahl eine calvinistische Mehrheit.

Auf diesem Weg dieser Religionswirren floh ein Teil der katholischen Beamten, darunter auch Albrecht Schrick, Dienstherr Radermechers. Peter Radermecher gehörte offenbar zu denen, die zu ihm standen, und wurde schließlich vor die Tür gesetzt, die er vormals zu hüten hatte.

An der Jakobstraße 18 öffnete sich der Familie eine neue Tür. Apollonia, beim Einzug vielleicht drei, höchstens fünf Jahre alt, wird dieses Haus als ihr eigentliches Elternhaus wahrnehmen: Hier eröffnete ihr Vater das Gasthaus „Zum gülden Verken", nachdem er das Haus erworben oder vielleicht sogar selbst erbaut hatte. Hier lebte die Familie, von diesem Haus schrieb sie in ihren Briefen an ihrem späteren Wohnort s'Hertogenbosch; von hier aus gingen viele Türen in die katholische Welt für Apollonia auf, das Haus wird über ihre Schwester Maria und deren Kinder im Familienbesitz bleiben.

Damit durchschritt Apollonia Radermecher eine neue Tür: Mit vierzig Jahren, am 29. Dezember 1611, kaufte sie vom königlichen Rentmeister, Magister Johannes Splinter van Hoorn, ein Haus in s'Hertogenbosch. Ein Ort, der, wie Willibalda Schmitz-Dobbelstein beschreibt, „mit seinen zahlreichen Gasthäusern für arme und alte, gebrechliche und kranke Leute, seiner wohlgeordneten Armen- und Krankenpflege ein reiches Arbeitsfeld für Apollonias regen Eifer im Dienste der Kranken bot".

Die geistliche Landschaft der Region wirkte auch auf Apollonias Spiritualität. Aus den Briefen an ihre Freundin Leonora lässt sich herauslesen, dass sie in diesem Dienst einer Gemeinschaft von Frauen angehörte, die ohne Gelübde gemeinsame Ziele verfolgten. Apollonia spricht von ihnen als Mägden, Schwestern oder Beginen. Besonders enge Freundschaften verbanden sie neben der 1597 geborenen Leonora mit Anna van Hambroeck, mit Hester della Faille, die ursprünglich aus Italien stammte, sowie mit Suster Metgen, einer der regulierten Tertiarierinnen des heiligen Franziskus im Kloster Marienburg auf der Ullenburg, einer kleinen Straße in s'Hertogenbosch. Sie alle scheinen zumindest im Dunstkreis der „grauen Schwestern" nach dem

Vorbild und Patronat der heiligen Elisabeth von Thüringen gewirkt zu haben, die selbst das graue Gewand der Franziskaner-Tertiarinnen trug und vielleicht einer solchen Gemeinschaft angehörte, nachdem sie 1229 den Hof verlassen hatte und auf einem Gutshof in Marburg ein Hospital errichten ließ.

Über ihre Kontakte, aber auch über die Erträge ihres Grundstücks, mit deren Hilfe sie schon über die Jahre die Krankenpflege in ihrer Heimatstadt unterstützt hat, blieb Apollonia Radermecher ihrer Heimatstadt verbunden und folgt dem Ruf, der sie vom Aachener Magistrat aus erreichte, in Aachen die Reform des Gasthauses am Radermarkt und des Hospitals St. Elisabeth zu übernehmen.

Und das „gülden Verken"? Es war erster Stützpunkt und bot manchen Menschen Unterkunft, die Apollonia zu ihrer Unterstützung bei der Übernahme des Armenspitals der Stadt Aachen eingeladen hatte. Doch es sollte nicht ewig stehen bleiben dürfen: „Mir bricht das Herz, es sinkt der Muth, mir zittern die Hände", schreibt ein Aachener Bürger als Augenzeuge über den Stadtbrand vom 2. Mai 1656, „dass der von unsern vielfältigen Sünden erzürnte allgerechteste Gott nächstverlaufenen 2. May [vor der Kalenderanpassung noch der 22. April] seinen schweren Zorn über unsere Stadt Aachen ergehen lassen; indem Morgens zwischen acht und neun Uhr auf St. Jacobs Straß nächst der Pforten eine Feuers-Brunst entstanden, die von einem starken Südwind nicht allein sehr zugenommen, sondern dergestalt in die Stadt einwärts getrieben, dass kein Löschen noch Wehren helfen wollen …

und so weiter innerhalb 24 Stunden sieben achte Theil der Stadt (so über 2200 Häuser geschätzt wird) hinweggenommen ...", so auch das „gulden Verken", das Haus der Familie der Apollonia Radermecher.

Die Türen des Aachener Rathauses, in dem Apollonia Radermecher 1571 geboren wurde, stehen den Schwestern aller Elisabethinnen-Gemeinschaften heute noch offen.

Krypta unter der Klosterkirche des Mutterhauses. Hier fanden die sterblichen Überreste von Mutter Apollonia 1953 ihre letzte Ruhestätte.

ICH BIN DIE AUFERSTEHUNG UND DAS LEBEN

(Johannes 11,25)

Als 1336 die erste Kirchturmuhr mit Schlagwerk in Mailand erfunden und installiert wurde, manifestierte sich darin die bis dahin nur individuell empfundene Vergänglichkeit des Lebens mit jeder Stunde, die sie schlug. Im gleichen Jahr ist in Aachen das Gasthaus am Radermarkt zum ersten Mal urkundlich belegt als eines der Krankenhäuser, die zu der Zeit bestanden.

Für ein Drittel der etwa hundert Millionen Menschen, die am Anfang des vierzehnten Jahrhunderts in Europa, Nordafrika und dem Nahen Osten wohnten, sollten die Uhrschläge zehn Jahre nach ihrer Erfindung die letzte Stunde anzeigen: Die Pest, als Krankheit vom sechsten Jahrhundert an bekannt, zog erneut über die Welt. Der „Schwarze Tod", eine Form der Beulenpest, erreichte 1348 Westeuropa.

In Deutschland und den angrenzenden Ländern hatten Einrichtungen zur Krankenpflege zu dieser Zeit schon ihre Geschichte. Sie gründeten sich auf die frühmittelalterliche, aus der byzantinischen Kultur stammende Tradition des „Xenodochiums" (vom Griechischen „xenos", fremd, Fremder), einer Herberge für Fremde. Xenodochien boten Pilgern Herberge wie auch Alten und Armen Unterkunft, sie dienten Findel- und Waisenkindern als Heim sowie als Krankenhaus.

Vom vierten Jahrhundert an bestanden zahlreiche Einrichtungen dieser Art im Oströmischen Reich. Vor allem die Mönchsbewegungen trugen sie auch ins Abendland. In die kirchliche Organisationsstruktur wurden sie in karolingischer Zeit verankert: 744 wurden kanonische Satzungen „zur Herstellung der verfallenen kirchlichen Ordnung" verabschiedet, wie es die Regesten verzeichnen. Das Aachener Konzil 817 verknüpfte sie mit der Vorgabe, dass Kanonikerstifte jeweils ein „Hospital" haben (vom Lateinischen „hospes", Gast) und darin Arme, Gebrechliche und Kranke aufnehmen sollten. Damit war für das Xenodochium eine Übersetzung, ein lateinisches, im Westen gebräuchlich klingendes Wort gefunden, das bis heute vertraut ist. „Die enge Verknüpfung von Armenpflege und Krankenpflege, die für das ganze Mittelalter charakteristisch ist", schreibt der Aachener Medizinhistoriker Egon Schmitz-Cliever, „erklärt sich daraus, dass damals der wirtschaftlich Schwache im Falle der Erkrankung völlig hilflos und auf fremde Unterstützung angewiesen war." Die Kanoniker- oder Kollegiatsstifte befanden sich in den Ortszentren. Klösterliche Spitale hatten dagegen in den meisten Fällen eine benediktinische Tradition und fanden sich, wie auch die klösterlichen Niederlassungen selbst, vornehmlich außerhalb der Städte.

Vom zwölften Jahrhundert an erfuhr das gemeinsame Kanonikerleben einen Verfall. Daraus entwickelte sich unter anderem der Trend, die Spitäler von den Stiftskirchen zu lösen und für die größer werdenden Städte unter eine neue Organisationsform zu stellen. Damit verbreitete sich der Boden, auf dem Spitäler entstanden, und es gab Neugründungen von Laienbruderschaften oder ritterlich organisierten Orden. „Die große Zeit der mittelalterlichen Spitalgeschichte", so Egon Schmitz-Cliever, „ist das 13. Jahrhundert, besonders seine erste Hälfte."

Das Heiliggeisthaus an der Südostecke der karolingischen Pfalz, erstmals im Jahr 1215 erwähnt, fügt sich ein in das „Aufblühen zahlreicher Heiliggeistspitäler, ohne dass der damals gegründete Orden der Hospitaliter jeweils mit der Entstehung eines Heiliggeistspitals unmittelbar in Zusammenhang gebracht werden darf", schreibt Egon Schmitz-Cliever. Das Aachener „Spendehaus" diente als Ausgabestelle für Almosen, es wird immer nur als „Geisthaus", nirgendwo als „Spital" bezeichnet. Seine Lage kann darauf hindeuten, dass es einem Spital aus karolingischer Zeit folgte, wäre es doch naheliegend, dass auch am Hof Karls eine der Einrichtungen bestand, die man für alle Stiftskirchen zur Pflicht gemacht hatte. Baulich und historisch gesichert ist das jedoch nicht.

Das Gasthaus des Hl. Blasius und Johannes des Täufers auf dem Hof, das vermutlich älteste Spital Aachens, wird um diese Zeit zum ersten Mal namentlich erwähnt (1346). Eine Bruderschaft unterhielt das Blasiusspital, das offenbar vornehmlich als Pilgerhospiz gegründet oder zu diesem Zweck neuorganisiert worden war. 1471 wurde es erweitert, um über eine lange Zeit systematische Armen- und Krankenpflege zu organisieren. Es wird bereits 1295 aktenkundig, gemeinsam mit dem Leprosenhaus auf Melaten (1242), in dem sich die an Aussatz erkrankten Insassen, in einer Bruderschaft organisiert, selbst verwalteten. Angesichts des Rückgangs der Fälle von Aussatz wurde im Oktober 1550 seine Auflösung beschlossen. Das Sankt-Martins-Spital „vor den Toren" wurde 1304 neben dem innerstädtischen Blasiusspital als „hospitale pauperum extra muros" genannt. Vor dem Kölnertor ist erstmals 1314 das Sankt-Thomas-Spital erwähnt.

Auf private Fördermaßnahmen ging noch etwa 1417 die Gründung des Sankt-Kornelius-Spitals in Aachen zurück, das aber nach dem Tod der Stifter schon wieder geschlossen wurde. Ihm folgten das Jakobsspital der Jakobusbruderschaft (1435) an der Stelle des heutigen Schervierklosters in der Kleinmarschierstraße, das durch eine Jakobsbruderschaft für Pilger auf dem Weg nach Santiago de Compostela Rast und Pflege bieten sollte, sowie das Gasthaus auf dem Matthiashof (1441), das reisenden Frauen offenstand. Bruderschaftliches Engagement verebbte jedoch ab der Wende zum vierzehnten Jahrhundert wieder. Das Spitalwesen geriet mehr und mehr unter kommunalen Einfluss.

Die konfessionelle Entwicklung scheint hieran ihren Anteil gehabt zu haben: „Im Laufe des sechzehnten Jahrhunderts griff unter dem Einfluss reformatorischen Gedankenguts eine rationalere Einstellung zu Armut und Krankheit und deren Abfederung durch Maßnahmen der Sozialfürsorge Platz", stellt Claudia Rotthoff-Kraus fest. Die Ausgaben der Fürsorge wurden systematischer erfasst, „auf der Ausgabenseite wurden erstmals Fragen nach der Bedürftigkeit der Armen und den Ursachen der Armut gestellt".

So verwundert es nicht, dass nicht nur zunehmend bürgerschaftliche Gründungen entstanden, sondern auch bestehende bruderschaftliche Institutionen unter städtische Oberaufsicht gestellt wurden. Das betraf auch die Aachener Hauptspitäler, also das Heiliggeisthaus, bis zum Ende ihres Bestehens die Leproserie Melaten, zuletzt das Blasiusspital.

Der Rat der Stadt setzte am 5. Dezember 1336 die Gründungsurkunde für das erste und einzige bürgerlich-städtische Spital auf städtischem Grundstück am Radermarkt, dem heutigen Münsterplatz in Aachen, auf.

Das Spital wurde als geschlossene Einrichtung zur stationären Pflege von armen Kranken gegründet; noch 1355 ist urkundlich die Rede von „armen Kranken", die in diesem Hospital versorgt werden sollten. Was die Krankenpflege angeht, so Egon Schmitz-Cliever, „trug das Spital am Radermarkt die Kennzeichnung eines Krankenhauses, dessen ärztliche Betreuung den Stadtärzten oblag" – jedenfalls in seiner Anfangszeit. Von Mitte bis Ende des vierzehnten Jahrhunderts belegen das Honorarrechnungen von Ärzten, die von der Stadt bezahlt wurden. Da jedoch ab 1394 nur noch „die Armen" erwähnt sind, scheint das Gasthaus am Radermarkt bereits früh weniger ein Krankenhaus als vielmehr eine Institution der städtischen Armenpflege allgemein geworden zu sein, „sodass im Spital jetzt auch regelmäßig Almosen ausgegeben wurden und am Radermarkt das volle Leistungsspektrum städtischer Armenfürsorge angeboten wurde", wie Thomas Kirchner schreibt – bis zur Reform ab 1622. Noch für 1615/16 lässt sich berechnen, dass es eine geschlossene Armenpflege des Gasthauses gab, jedoch auch eine offene für Menschen, die nicht darin wohnten. Dieser Haushaltsposten machte das Achtfache der Ausgaben für die geschlossene Armenpflege aus. Die Mittel dafür bezog das Gasthaus aus Pachterträgen eigener Besitzungen sowie aus Kontingenten der Naturalien, die auf den Pachthöfen erwirtschaftet wurden. Eigene Molkereien und die zum Besitz des Gasthauses gehörige Junkersmühle sorgten für die günstige Verarbeitung von Milchprodukten und Getreide. Der Hoffnung auf Spenden gab nicht zuletzt die Lage des Hauses am belebten Platz Ausdruck – wo sonst gingen so viele auch gut betuchte Passanten vorbei?

Die Administration der Aachener Hauptspitäler, also die Leproserie Melaten, das Heiliggeisthaus und das Blasiusspitals, wurde im Verlauf des vierzehnten Jahrhunderts zusammengelegt. Ein sechsköpfiges Kollegium von Provisoren verwaltete das Vermögen, das nach und nach zum Elisabethfonds zusammengefasst wurde; 1550 wurde der Melatener Besitz übertragen, 1622 die Vermögen des Blasiusspitals und Heiliggeisthauses mit dem des Gasthauses am Radermarkt vereinigt. Die Provisoren waren für die größeren Geld- und Rechtsgeschäfte, für Käufe, Verkäufe und Pachtangelegenheiten verantwortlich und mussten darüber dem Rat Rechenschaft ablegen. Die täglichen Rechts- und Vermögensangelegenheiten jedoch, etwa die Eintreibung von Geld und Naturalgütern sowie die Rechnungslegung, war die Aufgabe des Gasthausmeisters – mit offenbar fließenden und zunehmend verwischenden Abgrenzungen. Es scheint jedoch zwischen beiden Amtsbereichen kaum gesellschaftliche Unterschiede gegeben zu haben, auch die Gasthausmeister gehörten zu den höheren und wohlhabenden Schichten der Stadtbevölkerung. Belegt sind hier die Gasthausmeisterin Fye 1411, im Jahr 1413 wird Godart Scharpseile erwähnt. Dass 1579 Peter Schiff als „Gasthausmeister und Provisor der Armen" bezeichnet wurde, deutet darauf hin, dass die Ämter zu dieser Zeit zusammengeführt oder austauschbar geworden waren. Für 1615/16 ist der letzte Gasthausmeister Peter Düppengießer belegt, der offenbar im Hospital am Radermarkt wohnte – was nicht üblich war – und aus dem er, wie Apollonia Radermecher in einem Brief notiert, am 9. August 1622 wieder auszog.

Jedoch scheinen die Gasthausmeister nicht nur die Verwaltung innegehabt zu haben, sondern auch die innere Leitung des Hospitals. Anzunehmen ist, dass sich Eheleute diese Aufgaben auch teilten – die Verwaltung übernahm der Gasthausmeister, die innere Hospitalleitung seine Frau. Im Jahr 1472 ist in den Urkunden die Gasthausmeisterwitwe Eyffgen noch mit der Abwicklung von Geschäften befasst, offenbar gab es also eine erbrechtliche Regelung.

„Die Armen lebten wahrscheinlich nach Art einer Bruderschaft zusammen", schreibt Claudia Rotthoff-Kraus. „Für das Jahr 1461 ist ein gemeinsamer Schlafraum belegt." Die Unterbringung der Armen scheint zu dieser Zeit nur ledige oder verwitwete Bewohner berücksichtigt zu haben. Sie verteilt sich im sechzehnten Jahrhundert jedoch auf mehrere Häuser, die dem Gasthaus am Radermarkt zugeschlagen wurden, in denen „arme alte Leute", darunter wohl auch Eheleute, wohnten, die zu dieser Zeit offenbar ganz allgemein zur Gruppe der Bedürftigen gehörten – buchstäblich bis zum Tode: Die Versorgung der Insassen des Spitals schloss mit ein, dass sie auf dem Münsterkirchhof eine letzte Ruhestätte fanden. So war die Wohnsituation, als 1622 Apollonia Radermecher in das Hospital einzog, kurz nach der zweiten großen Welle der katholischen Gegenreformation im Jahr 1614, in der spanische Truppen den evangelischen Rat vertrieben hatten.

Ihre Amtseinführung als Gasthausmeisterin am Radermarkt durch die „heeren borgermeesters" am 13. August 1622, dem Beginn ihrer Tätigkeit, gilt der Genossenschaft der Schwestern der heiligen Elisabeth als Gedenktag ihres Bestehens.

Taufbecken des Aachener Doms, wo Apollonia Radermecher am 13.09.1571 getauft wurde.

ICH BIN DAS LEBENDIGE WASSER

(nach Johannes 7,38)

„Aachen scheint zwischen Maas und Rhein zu liegen", beschreibt das Team von „Wasserkunst Aachen, „aber für Hydrographen gehört die Stadt zum Maasland … Aachen liegt nicht wie Maastricht und Lüttich an der beherrschenden Arterie der Maas, sondern im Bereich eines feinen Geästes von Adern, eines Netzes von Bächen." Das Wasseradergeflecht der Maas umschreibt den Lebensraum, den Apollonia Radermecher für sich wählte, die ja im Hohen Dom zu Aachen mit Aachener Taufwasser getauft wurde. Als sie in Aachen aufwuchs, flossen Wurm und Pau noch offen durch die Stadt. Die Pau mündete in die Wurm, die wiederum in die Rur und bei Roermond der Maas zufloss.

In die Maas mündet auch die Dieze oder Diest, einer der Flüsse durch das wasserreiche s'Hertogenbosch. Die Dommel, ein etwa 120 Kilometer langer Nebenfluss der Maas auf deren linken Seite in Belgien und den Niederlanden, und die Aa fließen in ihr weiter bis zu ihrer Mündung in die Maas im Norden der Stadt s'Hertogenbosch – heute weitergespeist durch die Zuid-Willemsvaart, einem Kanal als Verbindung nach Maastricht aus dem neunzehnten Jahrhundert. Apollonia Radermecher hatte mit ihrem Anteil des Familienvermögens, das sie und ihre Schwester nach 1610 geerbt hatte, ein Haus in s'Hertogenbosch gekauft. Man kann eher vermuten, dass sie es zumindest zum Teil vermietete, als dass sie es ganz selbst bewohnte. Es hatte ein Tor vorn an der Straße; der Weg dahinter führte zu einem Vor- oder Pförtnerhäuschen über einen freien Platz und zu einem alten und einem neuen Gebäude. An einen weiteren freien Platz schloss sich ein Brauhaus an. Die Rückseite des Anwesens war von einer Mauer umgeben, die es vor dem Wasser der Dieze schützte.

Bei ihrer Rückkehr nach Aachen wurde Apollonia Radermecher am Radermarkt wieder unmittelbar von der Pau versorgt. Die Pau führte in ihrem alten Bachlauf, wie Heinrich Savelsberg 1901 beschreibt, „durch das Venn zur Jakobstraße und von dort längs der Klappergasse zum Fischmarkt. Dort hatten die Fischer und Fischhändler Aachens das Recht, ihre Kästen in den Paubach zu setzen, in denen sie die zum Kauf angebotenen Fische reinigten und frisch und lebend erhalten konnten. Diese „Aufzeichnungen über die Reinigung der Bäche innerhalb der Stadt Aachen", etwa aus dem Jahr 1640, befinden sich als Urkunde im Original im Stadtarchiv Aachen.

Die Pau floss die gesamte Kleinmarschierstraße entlang und trat schon vor der zweiten Stadtbefestigung 1265 an der Stelle aus der Stadtmauer, an der sich heute gegenüber das Theater befindet. Man nimmt an, dass die „Heppionsmühle" spätestens Anfang des vierzehnten Jahrhunderts erbaut und vom Pauwasser angetrieben wurde. Denn der Wasserlauf wurde aus der Kleinmarschierstraße nach Südosten zur Heppionsmühle abgelenkt, vermutlich genau aus dem Grund, dort eine Mühle anzulegen. Wo sich ihr Mühlrad befand, war das Bett der Pau tief. Ein weiterer Arm der Pau wurde als Unterbach weitergeführt. Mehrere Mühlen innerhalb der Stadtmauern zu haben, sicherte die Versorgung der Aachener Einwohnerschaft mit Mehl und Brot auch in Krisen- und Belagerungszeiten. Der Pächter der Mühle hatte, wie die Urkunde von 1640 vermeldet, den Paubach bis in die obere Kleinmarschierstraße zu reinigen.

Die Heppionsmühle wurde im Jahr 2013 in Höhe der Elisabethstraße 12 von Archäologen freigelegt, die dort Bauarbeiten begleiteten. Den Namen der

Mühle leitete Heinrich Savelsberg, Vorsitzender des „Vereins für Kunde der Aachener Vorzeit" von 1901 bis 1907, vom griechischen „hippo" (Pferd) her. Dann verweise der Name der Mühle auf eine Pferdetränke an sumpfiger Stelle. Die Heppionsmühle war vom Münsterstift her das einzige Propsteilehengut in der Stadt Aachen.

Die offenen Gewässer waren jedoch häufig verschmutzt und bargen Erreger der Krankheiten, die zu Lebzeiten Apollonia Radermechers Menschen häufig schwächten. Die mangelnde Hygiene trug auch zur Verbreitung der Pest bei. An der Pest erkrankten ursprünglich Nagetiere wie Ratten, durch Flöhe wurde sie auf den Menschen übertragen. Eine erste Pestepidemie hatte Aachen um die Jahreswende 1349/50 erreicht. Seither gab es verheerende Erfahrungen mit dieser Krankheit, die, wie Claudia Rotthoff-Kraus schreibt, „die Einwohner zu frommen Stiftungen gerade zugunsten des neuen, für arme Kranke gedachten, Hospitals veranlasst" hatten.

Klosterkirche St. Elisabeth Aachen, Mutterhaus,
Preusweg 2, am Fest des hl. Franziskus von Assisi

ICH BIN DER GUTE HIRTE
(Johannes 10,11)

Die Prägenden, die Förderer, die Gegenspieler: Im Leben der Apollonia Radermecher wie auch in der Stadtgeschichte Aachens und der Gemeinschaft, die Apollonia grundlegte, gab es alle Rollen von Hirten des Volkes Gottes.

Wie sehr Apollonia Radermecher in die Glaubenswelt eingebunden und von ihrer Herkunftsfamilie von klein auf vorgeprägt war, das zeigt ihr Familienstammbaum. Der Bruder ihrer Mutter Christine Esch, der kaiserliche Hofprediger Mathias Esch von Sittard, hatte in Sittard seine Schulbildung erfahren und bei den Dominikanern in Aachen von 1538 an Theologie studiert. Nach kurzem akademischen Wirken an der Universität Köln wirkte er zwischen 1543 und 1549 am Aachener Dominikanerkloster als begeisternder Prediger. 1557 begleitete er den Herzog Wilhelm von Jülich zum Wormser Religionsgespräch.

Wahrscheinlich hat ihr Onkel mütterlicherseits, der kaiserliche Hofprediger Matthias von Sittard, die Beziehungen in katholische Netzwerke hinein ausgespannt, der Heimatpfarrer aus den Jahren 1604 und 1605, Johann von Helmondt, sie vertieft und erweitert und vermutlich auch zum Umzug in die Niederlande geraten. Im weiteren Verlauf der Geschichte Apollonias und ihrer Gemeinschaft sollte dieser Priester jedoch keine rühmliche Rolle spielen.

Die Gründungsurkunde des Gasthauses am Radermarkt kann so gelesen werden, als habe der Aachener Erzpriester Johann von Lughen seine Zustimmung zur Gründung gegeben, doch bei zweitem Hinsehen wird deutlich, dass sein Einverständnis sich nur auf die seelsorgliche Versorgung am Spital bezog; „die Bestimmungen des Erzpriesters betreffen nur das Verhältnis des Spitals zur geistlichen Behörde, nämlich die Amtsbefugnisse und Kompetenz des Spitalsgeistlichen, den Gottesdienst und die innere Einrichtung der Kirche", schreibt Schwester Willibalda Schmitz-Dobbelstein in ihrer Ordenschronik zum 300. Jubiläum (1622-1922). Hierin wurden Fragen nach dem geistlichen Leben thematisiert, die mit der Errichtung eines mittelalterlichen Spitals eng verbunden waren: Wie und wo wird die Spitalskapelle gebaut? Welche Rechte und Pflichten hat der Geistliche, der an diesem Spital angestellt wird, und was wird er an Einkommen haben? Man einigte sich darauf, dass der Geistliche am Gasthaus am Radermarkt jährlich fünfzehn Aachener Mark erhalten sollte. Zur Gestaltung seines liturgischen Dienstes regelte die Gründungsurkunde, dass er die Messe nur lesen, nicht singen dürfe, und das auch nur beim Läuten der Morgenglocke in der Kirche des Marienstiftes – es sei denn, triftige Gründe sprächen für einen anderen Zeitpunkt. Laut urkundlicher Vereinbarung sollte der Spitalsgeistliche nur die „armen Kranken Aachens" des Spitals sakramental versorgen und ihnen das Bußsakrament, die Eucharistie und die Krankensalbung spenden. Das Personal des Spitals und auch wohlhabende Patienten oder Besucher sollte er nicht unter seiner seelsorglichen Obhut haben, sie sollten weiterhin dem Erzpriester unterstehen. der für den Verzicht auf die seelsorgliche Betreuung der Armen und auf die Spenden, die für sie gedacht waren, einen bestimmten Betrag als Entschädigung erhielt – war doch der Erzpriester in nachkarolingischer Zeit Vorsteher der Geistlichen in einem Dekanat mit der Pflicht zur Visitation, der dem Bischof gegenüber zur Rechenschaft verpflichtet war.

Doch scheint das Gasthaus am Radermarkt von konfessionellen Spannungen weitgehend unberührt geblieben zu sein. Der Rat, der große Freiheiten genoss, auch das geistliche Leben am Spital zu prägen, hat damit offenbar keine konfessionelle Festlegungen bezwecken wollen. So gibt es keine Hinweise darauf, dass der protestantisch besetzte Rat die Möglichkeit unterbunden oder die Reihe des katholischen Gottesdienstes unterbrochen hätte, auch scheint die Oberaufsicht weiterhin beim Erzpriester Aachens geblieben zu sein. Das ist bemerkenswert in einer Zeit, in der die konfessionellen Auseinandersetzungen auch an den Aachener Spitälern offenbar nicht spurlos vorbeigingen. Für das Blasiusspital ist belegt, dass unter lutherischer Leitung zur Zeit des Bürgeraufstands 1611 der katholische Gottesdienst gestört wurde und die Almosenausgabe auf einen anderen Zeitpunkt als den zum Ende der Messfeier gelegt wurde, um den Besuch der Hospitalskapelle einzuschränken, und die Bedürftigen später am Tag zu versorgen. Als ein Kranker im Spital nach einem Gespräch mit einem katholischen Geistlichen bat, wurde der Vikar am Besuch gehindert. Dieser Vikar am Marienstift, Adam Kremer, bezeichnet übrigens das Gasthaus am Radermarkt bereits im Januar 1613 als „Sankt-Elisabeth-Spital", wie im Verhörprotokoll verzeichnet ist.

Im Jahr 1598 wurde die Stadt Aachen mit ihrem Rat in einer ersten Welle der Gegenreformation durch die Reichsexekution wieder katholisch. Getragen von dieser Welle, begrüßte der restituierte katholische Aachener Stadtrat 1598 die Ansiedlung des Jesuitenkollegs. Die Reformbestrebungen für das Gasthaus am Radermarkt wurden von diesen Jesuiten zwar nicht initiiert, aber doch mit Nachdruck unterstützt. Eine Abordnung an den nun wieder für katholische Strukturen offenen Rat beantragte dort die Berufung der so genannten „grauen Schwestern" aus den benachbarten Niederlanden an das Gasthaus am Radermarkt. Unter den Mitgliedern dieser Abordnung war Matthias Schrick, der Apollonias Bruder Leonhard in Rom als seinen Kommilitonen im Theologiestudium am Collegium Germanicum begegnet. Matthias Schrick war zu dieser Zeit der Rektor der Jesuiten Aachens. Seine drei leiblichen Brüder waren ebenfalls in die Kommission berufen worden. Dies waren der Bürgermeister (Albert), der Gasthausprovisor (Franziskus) und der Erzpriester (Goswin) Schrick.

Am 25. Mai 1622 wurde eine feierliche Urkunde aufgesetzt, „Neue Hospitalordnung" oder „Fundamentalordnung" genannt, die die Aufgabenverteilung unter den Ordensgemeinschaften zwischen der ambulanten und der stationären Krankenpflege regelte. Die Vorläufer der Alexianer, die Brotbegarden, waren in der ambulanten Krankenpflege tätig, seit sie sich Mitte des 14. Jahrhunderts der medizinischen Versorgung der Pestkranken, deren Sterbebegleitung und Bestattung der daran Verstorbenen widmeten. In Aachen ist ihr Wirken seit 1334 belegt. In ähnlicher Weise betätigte sich von 1521 an von Düren aus auch der Orden der Cellitinnen als ambulanter Krankenpflegedienst. Nach einer Prüfung der stationären Pflegekompetenzen in den umliegenden Hospitälern wurde in der Hospitalordnung von 1622, wie Manfred Breuer schreibt, „urkundlich die Reform des Gasthauses am Radermarkt vorbereitet und seine Verwaltung sowie die Krankenpflege durch noch zu berufende Ordensfrauen geregelt".

Der Rat befand Apollonia Radermecher in s'Hertogenbosch als engagiert und kompetent in der Krankenpflege und berief sie, um die dringend nötigen Reformmaßnahmen am Gasthaus am Radermarkt zu führen. Johannes von Helmondt stand zu dieser Zeit weiterhin mit Apollonia in Kontakt und hatte am 30. September 1617 ihr Anwesen in s'Hertogenbosch von ihr gekauft. Das Verhältnis zu ihm scheint jedoch danach angespannt gewesen zu sein. Die Entscheidung, den Ruf des Aachener Stadtrates anzunehmen und zum Radermarkt zu kommen, hatte jedenfalls Apollonia Radermecher getroffen, ohne seine Meinung mit einzubeziehen oder ihn um Rat zu fragen. In einem Brief im Oktober 1622 versuchte von Helmondt beispielsweise noch, Apollonia von ihrer Tätigkeit in Aachen abzubringen. Mit einigem Trotz antwortete sie ihm, sie könne ja nach s'Hertogenbosch zurückkehren, dann solle von Helmondt aber Johannes van Asseldonck darum bitten, von dort eine neue Oberin zu entsenden – nicht ohne ihrer Freundin Leonora zu schreiben, dass dieser Fall sicher nicht einträfe, und Johannes von Helmondt ihre Bereitschaft, Liebe und Geneigtheit zu diesem Amt „nicht ein Haar breit" vermindern könne.

Der Priester Johannes van Asseldonck, den Apollonia Radermecher hier ins Spiel brachte, war offenbar in s'Hertogenbosch ihr geistlicher Berater gewesen. Nachdem im Aachener Spital Pater Matthias Schrick das Amt des ersten vorläufigen geistlichen Leiters und Beichtvaters der Gemeinschaft um Apollonia Radermecher übernommen hatte, erklärte sie den Jesuiten wie auch den Provisoren des Gasthauses, den Bürgermeistern und dem Erzpriester Goswin Schrick, die Schwestern bräuchten einen „eigenen Pastor". Schon 1622 kam Johannes van Asseldonck nach Aachen und bezog bald ein Zimmer im Haus „Zum gulden Verken", das zu dieser Zeit im Besitz der Schwester Apollonias war. Apollonia Radermecher hoffte auf ihn als Förderer und geistlichen Beistand im Amt als „eigener Pastor" der Schwesterngemeinschaft im Gasthaus am Radermarkt. So schrieb sie am 28. November 1622 gleich nach seiner Ankunft an Leonora: „Dem ewigen barmherzigen Gott sei Lob in Ewigkeit. Mein Herr ist gesund und wohlbehalten angekommen, ohne jede Gefahr. Wir erhoffen von Gott die ‚konservering' seiner Person, wegen des vielen Guten, das durch Seine Ehrwürden geschehen kann und hoffentlich geschehen wird. Die Anwesenheit meines Herrn war hochnotwendig, da es ohne sie keinen ‚proffijttelicken' Fortgang weder nach außen noch innen hat geben können."

Johannes van Asseldonck hoffte wohl seinerseits auf ein kanonisches Amt im Kapitel des Marienstifts in Verbindung mit der Seelsorge am Spital. Apollonia setzte viel daran, ihn von einer Reise nach Brüssel abzuhalten, wo er sich noch mit Johannes von Helmondt besprechen wollte. Offenbar gelang es ihr, die befürchtete Einflussnahme Helmondts auf den neuen „eigenen Pastor" abzuwenden. Die Fördermaßnahmen und Unterstützung bestätigt Apollonia Radermecher in einem Brief an Leonora im Dezember 1622. Seine Bemühungen richteten sich nicht nur darauf, Ordensschwestern für den Dienst in der Krankenpflege am Gasthaus am Radermarkt zu gewinnen. Er versuchte auch im Wesentlichen eine Erweiterung der Hospitalordnung zu erreichen, damit der Orden, der hier Dienst tat, seiner Sozialverantwortung den Schwestern hinter Druckmittel setzen gerecht würde. Als Druckmittel gegenüber dem Rat und den Provisoren brachte er die Voraussetzung ein, den Schwestern ihre Stellung (staet) zuzusichern. Wäre dieser Punkt nicht geklärt, würde man sich weigern, Kranke „int nuw gasthus" aufzunehmen. „Große Ursache haben wir", schrieb Apollonia Radermecher, „der ewigen Güte Gottes, der wunderbar seine Hilfe und seinen Beistand uns ohne alles Verdienst zuwendet, zu danken; denn fürwahr, die Hülfe durch meines Herrn Gegenwart ist Gnade über Gnade." Als jedoch die Schwestern ausblieben, reiste van Asseldonck bereits vor dem Mai des Jahres 1623 ab. Zum endgültigen Abschluss und zu einer verbindlichen Vereinbarung über die sehr weit vorangetriebenen Bemühungen scheint es mit dem Magistrat der Stadt Aachen nicht gekommen zu sein. Auch noch nach seiner Abreise versuchte er, Schwestern aus dem Umfeld einer anderen Oberin, der „Mutter van Hulst", für das Spital zu gewinnen, die von den Bischöfen von Mecheln und Gent empfohlen worden war und die das Gasthaus am Radermarkt auch im Herbst 1623 besucht hatte. Doch auch dieses Vorhaben schlug fehl, sodass van Asseldonck zuletzt in den Ruf kam, er trüge Schuld an dem Scheitern der Verhandlungen mit den niederländischen Schwestern. Er konnte jedoch in einem Brief vom 28. März 1624 glaubhaft darstellen, dass nicht er, sondern die fehlende soziale Sicherung am Gasthaus am Radermarkt den Haupthinderungsgrund darstellte.

Nach seiner Abreise löste ihn der Priester Johannes Nagelmacher ab, in s'Hertogenbosch geboren und dort am 22. August 1596 getauft worden war. Als Theologiestudent begegnet er 1621 in Douai. Die katholisch-theologische Fakultät war zu der Zeit eine Tochtergründung der Universität Leuven in Flandern, mit der sie später zusammengelegt wurde. Im „goldenen Zeitalter" katholischer Bibelarbeit, wie der Bibelwissenschaftler Henning Graf Reventlow das Jahrhundert zwischen 1550 und 1650 bezeichnete, gelangte die Universität Leuven zu großer Blüte, von 1598 an als Theologenseminar der Flämisch-Belgischen Provinz der Jesuiten. Leuven und Douai trugen zu diesem „goldenen Zeitalter" bei, Studienschwerpunkte waren Bibelarbeit nach den noch jungen Methoden der Textkritik, also der Wissenschaft der

Das Mutterhaus in Aachen strahlt wie eine Laterne in die winterliche Stadt hinein.

unterschiedlichen Überlieferungsschichten und -stile der biblischen Bücher, Hermeneutik als Lehre vom richtigen Verstehen ihrer Aussagen sowie homiletische Exegese, also auf die Verkündigung hin orientierte Auslegung der Schrift. Das alles scheint den Jungpriester Nagelmacher zu einer charismatischen Gestalt gemacht zu haben. Er gehörte der franziskanischen Familie an. Von Juli 1623 bis Mai 1626 wirkte Nagelmacher nicht nur im Gasthaus am Radermarkt, sondern wohnte auch dort. Auch bei ihm hatte von Helmondt versucht, mit Briefen zu intervenieren und ihn von seinem Wirken dort abzubringen – vergeblich. Leonora van Grevenbroeck kam für Nagelmachers Unterhalt auf. Johannes Nagelmacher war der Geistliche, der Apollonia Radermecher und ihren Gefährtinnen mit geistlichen Übungen die Dritte Regel des heiligen Franziskus so nahebrachte, dass sie sich für sie als Regel für ihr eigenes Leben entschieden. Neben den Regeln, auf die sich in der franziskanischen Ordensfamilie die Männerorden (Erste Regel) und die Frauenorden (Zweite Regel) begründen, gibt es die Dritte Regel für Frauen und Männer, die in klösterlichen oder weltlichen Gemeinschaften zusammenleben.

So war Johannes Nagelmacher vordergründig weniger praktisch, wie Apollonia es erwartet hätte, um die Gemeinschaft bemüht, sondern spirituell – was anders zum Ziel führte, als sie es erwartet hätte, und Wirkung zeigte. „Der Gedanke, Apollonia und ihre Gefährtinnen zur Annahme des Ordensstandes zu bewegen", schreibt Willibalda Schmitz-Dobbelstein, „wird in ihm wohl bald nach seinem Amtsantritt im Gasthause aufgetaucht und schnell zum Entschluss gereift sein". Im Jahr 1625 wurde er in seinem Amt bestätigt.

Mit dem Entschluss Apollonias, selbst als Ordensschwester die Genossenschaft zu begründen und zu leiten, bekräftigte sie ihren Wunsch nach Entscheidungsfreiheit über den Geistlichen für die Schwestern. In Absprache mit Erzpriester Goswin Schrick wurde die Vereinbarung getroffen, dass Adam Cremer lebenslang Gasthauspastor bleiben, Johannes Nagelmacher aber seelsorglich und liturgisch mit denselben Vollmachten ausgestattet wurde. Die Kranken sollten zwischen beiden eine Wahlmöglichkeit haben, wenn sie nach einem Priester verlangten – eine Übereinkunft, die nicht ohne Konflikt mit Adam Cremer durchzusetzen war.

Die Jesuiten, die sich für die Reform des Elisabethspitals eingesetzt hatten, zogen sich nun dort aus der Seelsorge zurück. Die Genossenschaft stellte sich jedoch nicht, wie es der Erzpriester Goswin Schrick gewünscht hätte, unter die Weisung des Bischofs, sondern unter franziskanischen Gehorsam. Der Generalkommissar der Franziskaner-Observanten für Deutschland, Pater Josef de Bergaigne oder Bergagna, von 1625 bis 1638 in diesem Amt, hatte familiäre Wurzeln in Spanien. Doch waren seine Vorfahren nach Antwerpen ausgewandert, er wurde dort 1588 geboren. Er leitete die Einkleidung Apollonias und ihrer beiden ersten Schwestern Gertrud und Helene.

Nachdem Generalkommissar Bergaigne Pater de Brun entsandt hatte, der aber auf Distanz zur Gemeinschaft blieb und sie nach nur einigen Monaten wieder verließ, wies er der jungen Schwesterngemeinschaft seinen früheren Sekretär als Seelsorger und geistlichen Leiter zu, Pater Lambertus van de Weyer aus Maastricht. Nach dem Tod Apollonias sollte Pater Bergaigne im Jahr 1627 die Genossenschaft in den Orden der Franziskaner-Oberservanten integrieren. Die Aggregationsurkunde vom Dezember 1627 sicherte der Gemeinschaft zu, dass immer ein Pater für die seelsorgliche Begleitung und als Beichtvater zur Verfügung stehen solle. Josef Bergaigne wurde schließlich Erzbischof von Cambrai und starb dort 1647.

Johannes Nagelmacher ging nach der Einkleidung der Schwestern im Mai 1626 als Rektor auf den „Großen Beginenhof" nach s'Hertogenbosch. Nur dreiunddreißigjährig starb er jedoch in Aachen am 15. Januar 1630 und wurde in der Minoritenkirche Sankt Nikolaus beigesetzt, eine Kirche, die 1234 früh in ihrer Ordensgeschichte von den Franziskanern als Klosterkirche übernommen wurde und heute Citykirche ist.

Die geistliche Begleitung durch die Franziskaner entwickelte sich jedoch nicht so konstant wie gedacht. Der Provisor Franz Schrick kritisierte ihr „Kommen und Gehen", auch van Asseldonck schrieb, er habe den Eindruck, die Ordensleute wollten sich aus der Betreuung des Spitals zurückziehen. Rat und Bürgermeister der Stadt Aachen trugen dem Erzbischof von Köln das Anliegen vor, die Aachener Elisabethinnen sollten unter Gehorsam und Schutz des Bischofs von Lüttich gestellt werden. Der Lütticher Generalvikar Johann à Chokier arbeitete die kirchliche Anerkennungsurkunde aus, die am 10. September 1631 ausgestellt wurde.

Apollonia Radermecher, Ölgemälde von Sofia Storm (1953), älteren Vorlagen nachempfunden

Apollonia Radermecher,

geboren an 09.09.1571 im Aachener Rathaus als Tochter von Christine und Peter Radermecher.

Sie übernahm die Leitung des Armenspitals der Stadt Aachen als „Gasthausmeisterin" am 13.08.1622.

Apollonia Radermecher, Helene Arts van Bommel und Gertrud Bernaerts gründeten die „Hospitalschwestern von St. Elisabeth" in Aachen am 05.05.1626.

Apollonia Radermecher wurde die erste Oberin.

Sie starb am 31.12.1626, nachdem sie auf dem Sterbebett Ewige Gelübde ablegte.

Gäste und Schwestern teilen Gottes Gaben beim Ordensjubiläum (2017).

ICH BIN DAS BROT DES LEBENS

(Johannes 6,35)

„Wenn das Brot, das wir teilen, als Rose blüht" – wer dieses Lied singt, tut es vor dem Hintergrund des Rosenwunders, das von der heiligen Elisabeth erzählt wird. Die Legende schildert, wie sie immer wieder der armen Bevölkerung aus der Not half und sie mit Nahrung versorgte. Ihrer Familie bei Hofe, so die Legende, gefiel das wenig. Ihr Schwager forschte nach, wohin ihre Wege sie führten, und ertappte sie mit einem großen Korb in der Nähe der Armenviertel. Im Korb war Brot, wie er richtig vermutete. Doch als Elisabeth das Tuch zurückschlug, kamen nur Rosen zum Vorschein.

Manches „Wunder" scheint Apollonia Radermechers Freundin Leonora bewirkt zu haben, die schon von s'Hertogenbosch aus großzügig als Förderin ihr eigenes Vermögen in das Gasthaus am Radermarkt einbrachte, auch zur Versorgung der Armen mit Nahrung. Jedenfalls ist überliefert, dass die Kranken des Elisabethhospitals sie „kucken mijster" nannte, Küchenmeisterin.

Die Bereitschaft, für das Spital zu spenden, stieg in der Bevölkerung wieder, als die Reformtätigkeit Apollonias erste Erfolge zeigte. „Nach dem Umbau und der inneren Konsilidierung des neuen Elisabethspitals stiegen die wöchentlichen Spenden dann wieder erheblich an", schreibt Claudia Rotthoff-Kraus. „Im Jahre 1632 betrugen sie 1330 fl. Diese Summen dürften u.a. für das Backen des wöchentlichen Armenbrotes verwandt worden sein, oblag dem Elisabethspital doch noch im weiteren Verlauf des 17. Jahrhunderts die Herstellung von 1200 Pfund Armenbrot pro Woche", mit dessen Verteilung weiterhin also auch offene Armenpflege ausgeführt wurde. Das Korn wurde in der dem Spital zugehörigen Junkersmühle zu Mehl gemahlen, die einen neuen Mühlstein erhielt, am Spital selbst wurde ein Backhaus neu errichtet.

Zur Versorgung der Kranken gehörte für Apollonia immer auch die Seelenspeise des Sakraments. Gleich nach ihrer Ankunft bemängelte sie, dass offenbar ein Patient, der schon von Fronleichnam an ein Bett belegte, bis zum August noch nicht mit den heiligen Sakramenten versehen worden sei.

Die Einrichtung des Krankensaals geschah genauso unter ihrer Ägide, wie sie Wert auf eine gute Ausstattung der Krankenhauskapelle legte. Aus s'Hertogenbosch brachte sie unter anderem das Schreinwerk am Altar mit, ebenso bemaltes und vergoldetes Holzwerk am Tabernakel, acht Altartücher und drei Kommuniontücher. Für die Liturgie stattete sie das Gotteshaus im Spital mit fünf Alben, zehn Schultertüchern, acht Korporaltüchern, sechs Kelchtüchern, weiteren Paramenten und Utensilien aus. Bei der Beschaffung des Klosterinventars hatte sie bereits dort auch Hilfe von Leonora van Grevenbroeck und Hester della Faille empfangen. Besonderen Wert legte Apollonia Radermecher auf die Anschaffung einer „nhw Monstrans", für die sie schon von s'Hertogenbosch aus Mittel gesammelt hatte. Bürgermeister Schrick spendete hierfür einen goldenen Becher, vermerkte sie in einem Brief vom 14. September 1623, desgleichen hoffte sie auf eine weitere Geldspende von van Asseldonck. Die neue Monstranz konnte schließlich 1624 vom Aachener Goldschmiedemeister Dietrich von Rha (auch von Rodt genannt) gefertigt werden, der etwa zwischen 1610 und 1630 in Aachen wirkte, mindestens jedoch von 1615 bis 1624.

In der späteren Ordensregel wurden die Tage zum Empfang der heiligen Kommunion ebenso festgelegt wie Fast- und Abstinenzzeiten. „Damit bei Tisch auch die Seele gespeist werde", legte die Regel eine geistliche Lesung während der Mahlzeiten fest, ein Abschnitt aus dem Neuen Testament, zweimal in der Woche aus der Regel und den Konstitutionen.

Die Frage, wann wem Nahrung zur Verfügung stand, blieb ein Thema – offenbar wirkte die Sorge noch nach, dass Geistliche durch Naturalien „gekauft" werden könnten. Denn die mittelalterliche Kirche war ja dem Organisationsmuster der Gesellschaft im Lehnswesen gefolgt: Wer ein Lehen (lateinisch: beneficium) erhielt, also ein Stück Grund und Boden vom Besitzer „lieh", trat in dessen Dienst und bezog seinen Unterhalt aus dem, was sich von Grund und Boden an Ertrag erwirtschaften ließ: Vieh, Äcker, Wald, auch Mühlen oder Webereien. Pfarrpfründen waren „die mit einem Pfarramt vertrags- oder stiftungsmäßig verbundenen Besitzungen, auch Einkünfte hieraus" (Deutsches Rechtslexikon) – ab dem Kirchenkapitular Ludwigs des Frommen (818/19) gängige kirchliche Praxis. Mit dem „beneficium" wurden später die Bezeichnungen „praebenda" oder „provenda" gleichbedeutend, aus denen sich das deutsche Wort „Pfründe" ableitet. Konnten bis dahin die Bischöfe noch ihre Geistlichen durch die Vergabe von Stipendien in Abhängigkeit halten, so bestand nun die Gefahr, dass Grundbesitzer ihre Unfreien („Vasallen") als Geistliche an ihrer Eigenkirche einsetzten. Wie die Weberinnen in der Weberei oder der Müller in der Mühle würde der Priester an der Eigenkirche den Absichten des Grundherrn unterstehen. Die Reformgesetze Karls des Großen schoben dieser Entwicklung den Riegel vor, die Geistlichen genossen Freiheit. Die Pfründe schlossen Pflicht und

Recht zur geistlichen Leitung und zum Betrieb der geliehenen Kirche ein. Die Taufkirchen als Mittelpunkt des kirchlichen Organisationssystems wurden weiter in ihrer Bedeutung ausgehöhlt. Die Bischöfe erklärten durch einen „Pfarrbann", welche Pfarrangehörigen im jeweiligen „Kirchspiel" den Gottesdienst besuchen und Sakramente empfangen sollten. Dem so umrissenen „Sprengel" entsprechend entstanden Pfarreien. Darin sollte der Geistliche seinen Dienst tun. Doch das Pfrundgut mit Ansprüchen auf Natural- und Geldleistungen wurde zum Handelsgut.

Die Konzilien von Konstanz (1414-1418) und von Trient (1545-1563) beschäftigten sich mit Missbrauch im Pfründenwesen und schoben ihm Riegel vor.

Dies schwingt mit, wenn in der Aggregationsurkunde von 1627 mit Nachdruck darauf hingewiesen wird, dass die Patres sich mit ihrem Hunger und Durst zurückhalten sollen: „Endlich mögen besonders beachtet und gehalten werden die Generalstatuten, durch die untersagt wird, dass die Patres der Klöster daselbst etwas essen oder trinken außer den Zeiten, die in den Bestimmungen selbst bezeichnet sind", heißt es dort, und es wird angeordnet, „dass die Patres niemals unter irgend einem Vorwand dort Speise und Trank nehmen oder sich besorgen lassen; es sei denn, dass wegen einer gefährlichen oder ansteckenden Krankheit die Umstände, oder überhaupt ein besonderer Umstand vorschreiben, beim Eintritt in den Konvent zum Besuch der kranken Schwestern als vorbeugende Medizin vorher etwas zu genießen. Im Übrigen vertrauen wir darauf, dass ihr für die Bedürfnisse eures Beichtvaters, soviel eure Armut zulässt, aus Dankbarkeit und gegenseitiger Liebe sorgt …"

Impressionen verschiedener Schwesterntreffen der verwandten, internationalen Elisabethinnen-Gemeinschaften

ICH BIN DER WEINSTOCK, IHR SEID DIE REBEN

(Johannes 15,5)

„Seht, ich habe es doch gesagt, wir sollen die Menschen froh machen!" Mit diesem Satz freute sich die heilige Elisabeth von Thüringen über eine gelungene Maßnahme in der Armenfürsorge. Früchte ihrer Arbeit aus dem Geist des Evangeliums – „ich habe euch erwählt und dazu bestimmt, dass ihr euch aufmacht und Frucht bringt und dass eure Frucht bleibt", sagt Jesus in seiner Abschiedsrede (Johannes 15,16).

„Wozu Gott den Menschen beruft, dazu gibt Gott auch Befähigung (bekwamhit)", schrieb Apollonia an ihre Freundin Leonora am 24. Januar 1624, ohne diese Berufung zunächst auf sich selbst zu beziehen. Die beiden Frauen hatten sogar eine Vereinbarung getroffen, wonach Apollonia Radermechers Tätigkeit im Elisabethspital, „diese Sache des Gasthauses" in Aachen, zeitlich befristet sein und sie nach s'Hertogenbosch zurückkehren sollte.

Dennoch sah sie sich von Anfang an und weiterhin ungetrübt bereit und in der Lage, die Reform am Gasthaus am Radermarkt anzugehen. Mit ihrem Krankenpflegekonzept und der Organisation orientierte sie sich am „Großen Siechengasthaus" in s'Hertogenbosch, das 1370 durch den Bischof von Lüttich reformiert worden war, und kam sogleich in Begleitung von dessen Gasthausmeisterin in Aachen an. Deren Pflegedienst sah vor, nicht mehr als zehn Schwestern zu beschäftigen, die sich jeweils wöchentlich zu zweit in der Krankenbetreuung abwechselten.

Gleich nach einer ersten Sichtung der Abläufe und des Pflegestatus im Spital beschrieb sie Missstände, denen sie bald begegnen wollte. Dank ihrer langjährigen Erfahrung erkannte sie direkt Fehler in der pflegerischen Arbeit.

So schrieb sie Leonora in einem Brief vom 9. August 1622 von einer kranken Person, die lange bettlägerig, jedoch noch nie umgebettet worden war. Apollonia konstatierte insgesamt eine „große Unachtsamkeit" im Umgang mit den Kranken. Zudem hatte das Spital offenbar gleich bei ihrer Ankunft mit einer hohen Belegung zu kämpfen, die auf eine bei der Heiligtumsfahrt des Jahres 1622 eingeschleppte Pestepidemie hindeutet.

Apollonia Radermecher strukturierte die Unterbringung der Kranken neu. Das Gasthaus auf dem Hof wurde mit dem Gasthaus am Radermarkt zusammengelegt und die Kranken dorthin umquartiert, damit sie im Gasthaus am Radermarkt den so genannten Beyart einrichten konnte, den großen Krankensaal. Die Einrichtung geschah nach klaren Vorgaben von Apollonia Radermecher. Dies, schreibt Willibalda Schmitz-Dobbelstein, „darf ... nicht befremden, da Apollonia während ihres langen Aufenthaltes in Herzogenbusch reiche Erfahrungen gesammelt hatte, die sie jetzt in ergiebigster Weise verwerten konnte". Spätere Abbildungen zeigen den Krankensaal so, wie er von ihr offenbar von Anfang an ausgestattet wurde: mit einzelnen Betten jeweils in einer kleinen Kabine, abgeteilt durch Vorhänge, sodass die gegenseitige Ansteckung eingedämmt und jeder Patient individuell versorgt werden konnte. Ein kleiner Tisch im Raum bot eine Abstellmöglichkeit. Christus war in der Mitte der Kranken und der Schwestern, die sie versorgten – die Abbildung zeigt eine Monstranz, in der das Allerheiligste im Krankensaal ausgesetzt war, wie auch ein Fensterchen zur Krankenhauskapelle, durch das die liturgische Feier in Klang und Weihrauchduft miterlebt werden konnte. Weihrauch hatte darüber hinaus eine willkommene desinfizierende Wirkung.

Die Rechnungsbücher liefern ein anschauliches Bild der Wirksamkeit von Apollonias Reformen. Die Arztrechnungen hatten sich ja bereits vom Ende des vierzehnten Jahrhunderts an reduziert. Bei den Rechnungen des letzten Gasthausmeisters Peter Düppengießer 1615/1616 fanden sich kaum Ausgaben, die sich einer direkten Krankentherapie oder deren Pflege hätten zuordnen lassen. Mit Amtsantritt von Apollonia Radermecher am 13. August 1622 wurden wieder Ausgaben für Kranke verbucht – im Abrechnungszeitraum bis 1624 waren 3280 Patienten berücksichtigt. „Die gleiche Rechnung belegt zudem Ausgaben in Höhe von 654 fl[1] 21 m[2] 20 s[3] u.a. für Woll- und Leinentücher zur Herstellung von Hemden und Bettlaken", schreibt Claudia Rotthoff-Kraus. Apollonia brachte auch ihre eigene Aussteuer mit in das Gasthaus ein, darunter dreizehn Ellen Leinwand, fünfzehn Paar Laken und zwölf Paar Kissenbezüge, vier Tischtücher und zwei Dutzend Servietten, sechs Handtücher, Hemden für die Kranken, davon neun für Männer, zwölf für Frauen, vier für Jungen; achtzehn Kopftücher, drei Nachtjacken, sechs weiße Schürzen für den Krankendienst. „Auf eine geregelte medizinische Versorgung lassen Ausgaben zugunsten des Apothekers Heinrich Haneff schließen", so Claudia Rotthoff-Krausweiter, „der dem Hospital Arzneimittel im Wert von 11 fl[1] 17 m[2] verkaufte. Die Ausgaben der offenen Armenpflege gingen dagegen zunächst erheblich zurück."

---

1) fl = Gulden
2) m = Mark
3) s = Schilling

Apollonia Radermecher war sich der Tatsache bewusst, dass sie eine „große Sache" anging, und suchte dabei Unterstützung. Als eine erste zuverlässige Hilfe erwies sich ihre Freundin Hester della Faille. Suster Hester arbeitete mit ihr tatkräftig in der Krankenpflege zusammen. Apollonia sorgte sich zu Recht um die nicht sehr robuste Schwester und betete zu Gott, er möge sie „lang verstercken". Diese Bitte jedoch blieb unerhört: Hester infizierte sich mit der Pest und starb am 13. Oktober 1622. Noch auf dem Sterbebett hatte sie ihr Testament aufgesetzt und ihren Familienbesitz den künftigen Schwestern des Elisabethspitals vermacht. „Sie trug solche Sorge um uns", schrieb Apollonia Radermecher vier Tage nach Hesters Tod an Leonora, „dass sie verschiedentlich sehr herzlich bat, doch aus ihrer Kammer zu gehen, und sagte: ‚Zwingt Gott nicht zu einem Wunder'."

Aus Angst vor Ansteckung verließen weitere Helferinnen, Suster Jennecken und eine andere Pflegerin, bald das Spital. „Gott ist getreu und unser Kreuz nicht größer, als wir zu tragen vermögen", schrieb Apollonia etwa Ende Dezember 1622 an ihre Freundin Leonora und bedankte sich bei ihr für „vertrostijnge en versterckinge" (Trost und Bestärkung) nach dem Tod Hesters. „Judith und ich, wir beide sind allein im Gasthaus geblieben, täglich die Kranken im andern Gasthaus versorgend" – nämlich am Hof. Judith blieb bis gegen Ende 1623 an der Seite Apollonias in der Krankenpflege, kehrte aber dann wieder nach s'Hertogenbosch zurück und konnte sich nicht mehr zur Rückkehr entschließen.

Apollonia trieb nun die Arbeiten im Krankensaal des Elisabethspitals am Radermarkt voran und sorgte auch dafür, dass eine öffentliche Bekanntmachung noch einmal auf die Zweckbestimmung des Gasthauses als Spital für arme Einwohner der Stadt, nicht für Auswärtige, hinweisen sollte.

Die Pest flammte 1623 wieder auf, sodass Apollonia Radermecher das Hilfsangebot ihrer Freundin Leonora, nach Aachen zu kommen, zu deren eigenen Schutz ablehnte. Am 10. Oktober konnte sie jedoch vermerken, das Sterben „höre sehr auf". Am 17. Januar 1624 befanden sich acht Patienten im Elisabethspital, im Folgejahr notiert sie die Zahl von elf Kranken. Wenn auch Apollonia Radermecher Rücklagen aus ihrem eigenen Vermögen zur Versorgung künftiger Mitschwestern bildete, war doch ungeklärt, wer die Sozialverantwortung für solche Mitarbeiterinnen übernehmen sollte. Es ging, wie Willibalda Schmitz-Dobbelstein schreibt, „nicht einfach um die Gewinnung von Ordensschwestern, sondern auch um deren dauernde Stellung und sichern Lebensunterhalt". Anfangs lag daher genau hier die Hürde dafür, Schwestern zu gewinnen. Denn, wie van Asseldonck in einem Brief vom 28. März 1624 schrieb, musste das Ansinnen Apollonias scheitern, Schwestern ohne Mitwirkung des Bürgermeisters zu gewinnen, „weil sie (die Schwestern) von ihm und seinen Amtsbrüdern Zusicherungen wegen des Unterhaltes haben müssen; auch dass sie dort fest und allzeit bleiben können, ohne von ihnen oder ihren Nachfolgern im Amte ‚geturbeert' (behindert) oder gar verjagt zu werden. Ohne diese Zusicherungen zu haben, wird niemand kommen wollen; denn sie würden allzeit unsicher sein."

Lijsken, eine der Schwestern, die im Herbst 1623 das Spital gemeinsam mit Mutter van Hulst besucht hatte, war mittlerweile im Maastrichter Gasthaus tätig. Doch auch Verhandlungen mit ihr zur Unterstützung in den Gründungsbemühungen einer Aachener Gemeinschaft schlugen fehl.

Apollonia nahm die schwierige Situation sehr wohl wahr und sehnte sich nach der Nähe vertrauter, schwesterlicher Freundinnen. So schrieb sie am 24. Januar 1624 an Leonora: „Suster Hester selig verlangte sehr, dass Euer Liebden zu uns kommen solle, und sie hielt dafür, dass es auch geschehen würde. Wäre sie am Leben geblieben und auch Euer Liebden zu uns gekommen und hier geblieben, so würde auch ich damit einverstanden sein, ohne Ordensschwestern (rellijgeussen) zu beginnen und dabei zu bleiben. Geliebte Schwester, diese Sache hängt jetzt an uns beiden. Was sollen wir machen?" Sie trug nicht leicht an den Entscheidungen: „Ich kann nicht sagen, mit was für Liebe zu diesem Werk mich Gott bindet und unterhält. Solange es nicht feststeht, kann ich nicht davon abstehen. Gebt Rat, herzlich geliebte Schwester, ich werde von allen Seiten bedrängt."

Mit der spirituellen Neuorientierung durch das Wirken des Priesters Johannes Nagelmacher scheint die Gewinnung von Schwestern langsam angezogen und Apollonia sich besser in die „koenst" gefunden zu haben, in unterschiedlichen Vorstellungen und Ansprüche ihre Pläne durchzusetzen, „so viele Willen und Sinne ineinander zu bringen". 1625 kam es offenbar zu vorvertraglichen Regelungen mit dem Aachener Magistrat.

Faktisch führte Apollonia Radermecher ein Ordensleben im Dienst an den Kranken, in Gehorsam, in Armut und Gemeinschaft. Dennoch war ihr die

Tragweite der Entscheidung bewusst, selbst eine Ordensfrau zu werden, und das immerhin mit bereits fünfundfünfzig Jahren. Willibalda Schmitz-Dobbelstein beschreibt, warum es Apollonia „bang" um diese Entscheidung war: „Sie sollte eine neue klösterliche Genossenschaft gründen, als deren Vorsteherin die Ordensdisziplin einführen und die Verantwortung für ihre Durchführung übernehmen. Aber nicht dies allein, auch die Sorge und Verantwortung für die Krankenpflege sollte sie tragen …"

Leonora van Grevenbroeck notiert: „Auf den 5. Mai anno 1626 hat Apollonia in der Kirche des Gasthauses den religiösen Habit von der Dritten Regel des hl. Franziskus empfangen. Mit Apollonia empfingen zwei Gefährtinnen, Gertrud Bernaerts aus Maastricht und Helene Aerts van Bommel aus s'Hertogenbosch das Ordenskleid aus der Hand des Paters Josef Bergaigne, damals Generalkommissar der Franziskanerobservanten." Sie gaben sich den Ordensnamen „Hospitalschwestern von St. Elisabeth".

Sie legten den Grundstein dafür, dass im Laufe der Jahrhunderte aus dem kleinen Stock eine verzweigte Pflanze wachsen würde: Es folgten Gründungen in Düren (1659), Jülich (1687), Blankenheim (1681) und die erste in Österreich – in Graz in der Steiermark (1690).

Das Krankenhaus der Elisabethinnen bot im Jahr 2010 als „Landeskrankenhaus Graz Mitte" einen zentralen Schauplatz der Kinokomödie „Die unabsichtliche Entführung der Frau Elfriede Ott". Die Abfolge der Ereignisse, die zur Gründung des Klosters in Graz führten, war kaum weniger verwickelt als die Filmhandlung:

Maria Theresia Fürstin zu Liechtenstein (geb. 1649) war in erster Ehe verheiratet mit dem schottischen Generalfeldmarschall Graf Jakob von Leslie. Einen seiner vielen Auslandseinsätze verbrachte er in Begleitung seiner Frau in Aachen. Sie lernte dort die Arbeit der Hospitalschwestern von der heiligen Elisabeth im Gesundheitswesen kennen. Als sie in ihre Heimatstadt Graz zurückkehrte, war die Zahl der Pesttoten dort auf 3465 gestiegen, fast ein Viertel der städtischen Bevölkerung.

Im Jahr 1687 wandte sie sich vielleicht voreilig in einem Brief an die Elisabethinnen nach Aachen, in dem sie bat, drei ihrer Schwestern in die Grazer Vorstadt zu entsenden. Weder auf Unterstützung ihres ersten Mannes, von Leslie, noch auf die ihres zweiten Mannes, den kaiserlichen Statthalter Graf Balthasar von Wagensperg, konnte sie zählen; ja, der Erzbischof Johann Ernst Graf von Thun wollte allen Versuchen, ein Klosterleben in Graz zu installieren, ein Ende setzen. Da die Gräfin von Wagensperg selbst zögerlich in ihren Plänen war, ihre zunächst zugesagte Stiftungssumme von dreißigtausend Gulden auf zwanzigtausend herabsetzte, ordnete der Erzbischof von Salzburg dem Bischof von Seckau gegenüber an, die Schwestern in Graz „abzuschaffen". Drei waren 1690 eingetroffen: die erste Vikarin Maria Anna Vettweiß, Maria Josepha de Rupe, die erste Oberin im Grazer Konvent werden sollte, und Maria Clara Haß, die jedoch schon nach zwei Jahren „vor lauter Betrübniß und Leiden" mit nur dreißig Jahren starb. In einem Schreiben dokumentierte der Erzbischof „etliche Bedencken über die Fundation des armen Pessthafften Weiber Spitals zu Grätz".

Waren die Elisabethinnen in Aachen als Dienstnehmerinnen der Stadt tätig, so sollten sie von 1693 an im Hoheitsgebiet der kaiserlich-königlichen Monarchie eigene Krankenhäuser haben. Den Startschuss gab die Gründung in Graz, nachdem Gräfin von Wagensperg endlich den Stiftungsbrief unterzeichnet hatte. Von diesem Moment an ging ein starker Impuls von Gründungen in den ganzen (damaligen) deutschen Sprachraum: „Unter Tränen und Segenswünschen der zurückgebliebenen Ordensschwestern" zogen vier Schwestern im Februar 1710 von ihrem Professkloster Graz nach Klagenfurt. Die Gründung in Wien war bereits 1709 erfolgt, und zwar von derselben Schwester Maria Josepha de Rupe, die schon von Düren aus nach Graz gekommen war. Von Wien aus sollten in Osteuropa weitere Klöster gegründet werden. Die Schwestern in Prag wohnten in einigen herrschaftlichen Häusern, bis Allerheiligen 1719 ihr neues Haus feierlich eröffnet werden konnte. Es folgten die Gründungen in Bratislava (Slowakei, 1738), Linz (1745), Brno in Tschechien (1754) sowie Budapest. Dort war das zukünftige Elisabeth-Hospital ursprünglich ein Franziskanerkloster, das Kaiser Joseph II. im Jahr 1785 den achtzehn Schwestern übertrug, die sich von Wien aus zur Krankenpflege in Ungarn auf den Weg gemacht hatten. Von Prag aus entstand 1736 die Gründung in Breslau. Seit der Zeit nach dem Zweiten Weltkrieg leben die Schwestern dieses Konventes in Bad Kissingen, Bistum Würzburg. Von Breslau aus verzweigte sich die Gemeinschaft weiter ins tschechische Kadaň (1748), das polnische Cieszyn (1753), nach Münsterberg (1863) und das schlesische Ziębice (1866). Von Prag aus wurde die Gemeinschaft der Elisabethinnen im Kloster Alzburg im niederbayerischen Straubing gegründet (1749) und von dort aus eine Niederlassung in München (1750), die nur fünfzig Jahre lang bestand und dann Opfer der Säkularisation wurde. Eine Erweiterung erfuhr der Orden 1850 in Osteuropa, im tschechischen Jablunkov. Kurz vorher gründeten die Straubinger Elisabethinnen Neuburg (1840) als Mutterhaus unter der Bedingung, dass die Barmherzigen Brüder Ordensmänner für die Pflege nach Straubing entsandten.

Das Kloster in Prag sollte zur Zeit des Kalten Krieges enteignet werden, aus der Niederlassung in Bratislava sollte hingegen nach der Wende die größte Onkologie der Slowakei entstehen. Auf dem Fundament der drei Schwestern, die mit sechs Betten in Linz 1745 die „Pflege kranker Dienstboten" in Angriff nahmen, steht heute ein Krankenhaus mit knapp fünfhundert Betten. Von Klagenfurt aus fand die Ordensgemeinschaft 1911 sogar ihren Weg nach Humboldt-Saskatoon in Kanada (1911).

Die Borromäerinnen in Italien und die Vinzentinerinnen im französischen Sprachraum arbeiteten im 17. Jahrhundert weitgehend nach dem Pflegekonzept, das sie vom Vorbild der Elisabethinnen übernahmen. Der Berührungspunkt zwischen den deutschsprachigen und den frankophonen Territorien lag und liegt in Luxemburg. Dorthin waren die Elisabethinnen schon 1671 berufen worden. In großer Treue zu ihrer Berufung standen die Luxemburger Schwestern, die oft auch aus der Südeifel in die Gemeinschaft fanden, die Zeiten der napoleonischen Kriege, der Säkularisation und des Zweiten Weltkrieges durch. Auf ihrem Engagement gründete der junge Staat Luxemburg seine sozial-caritativen Werke, und die Luxemburger Schwestern machten sich als Missionarinnen auf nach Afrika.

Mit der Übernahme der Pflege im Maria-Hilf-Krankenhaus entwickelte sich die Filialstruktur der Aachener Elisabethinnnen von 1855 bis 2018.

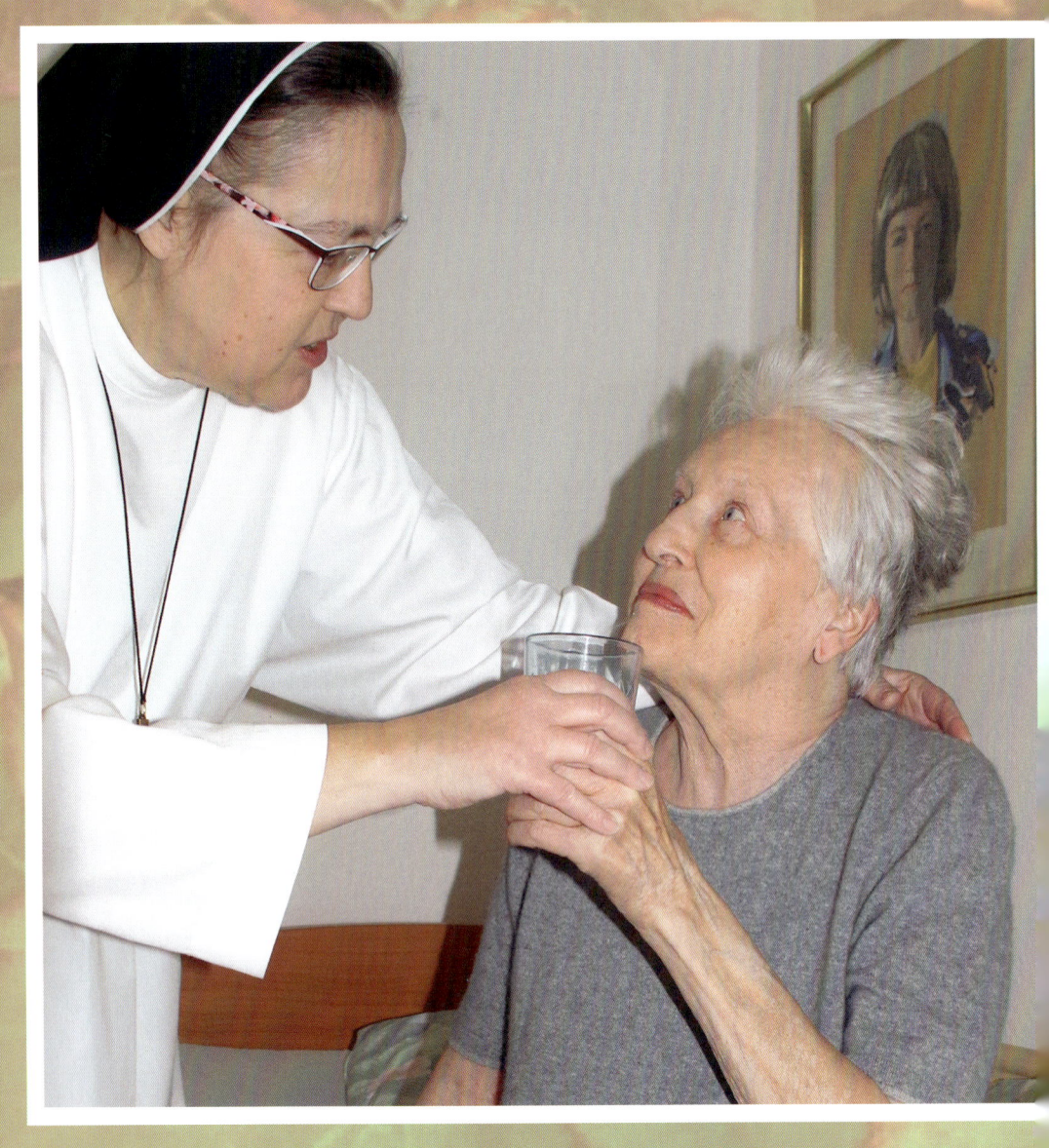

Altenpflegedienst einer heutigen Schwester der hl. Elisabeth im Seniorenheim „Klosterstift Radermecher", Aachen.

ICH BIN DAS LICHT DER WELT
(Johannes 8,12)

Entscheidungsschwierigkeiten „an alle canten" (an allen Fronten), Konflikte mit Gegnern ihrer Reformarbeit sogar im eigenen Haus, bis sie „inwendige en utwendige" Tränen weinte, Dunkel, aber auch Licht: „Gott, der die Kinder von Israel vierzig Jahre erhalten und geführt, wolle auch uns durch sein Licht geben, den rechten Weg zu sehen und nach seinem heiligsten Willen ihn zu gehen." Zwischen Dunkel und Licht führte der Weg Apollonia Radermecher nach ihrem Ordenseintritt nicht mehr sehr weit. „Ich muss bekennen, ich kann nicht mehr". Von Todesahnung erzählt der letzte Brief, den sie in der Weihnachtsoktav 1626 vor der kleinen Krippe in ihrer Zelle an Leonora schrieb. Noch auf dem Sterbebett legte sie die ewigen Gelübde ab. Sie starb am 31. Dezember 1626 am Morgen zwischen acht und neun Uhr als Ordensprofesse mit feierlichen Gelübden, „die Meisterin der Caritas, das Licht ihrer Vaterstadt Aachen", wie sie später genannt werden sollte.

Unter Begleitung des Provinzials Pater Reinsfeld trafen am 9. April 1627 Sophie Löwenbrück aus Trier und Lucia Weffin aus Kruft ein. Schwester Sophie wurde Oberin; Schwester Lucia konnte sich als Novizinnenmeisterin gleich ab dem 10. April um zwei Postulantinnen kümmern, die aus s'Hertogenbosch hinzukamen, sowie einige weitere, von denen aber nur eine, Anna Janssen, am 28. Oktober 1627 eingekleidet wurde. Leonora van Grevenbroeck übernahm auf Bitten und Vermittlung von Pater Lambertus die wirtschaftliche Verwaltungsleitung.

Zum Glück hatte Apollonia Radermecher hellsichtig eine Ordnung für die Genossenschaft vorgegeben, die Regelungen für die Weiterarbeit vorsah. Nach ihrem Tod fand man „Die Wünsche der Mutter Apollonia, wie man sie nach ihrem Tode vorgefunden hat" – ein Schriftstück, dass nicht mehr im Original, sondern in einer Abschrift durch Leonora von Grevenbroeck erhalten ist: „Zur Ehre Gottes. Diese nachfolgenden Punkte sind unserem ehrwürdigsten Vater, P. Provinzial vorgehalten und alle von ihm so anerkannt, dass er versprochen hat, sie schriftlich mit dem Ordenssiegel zu bekräftigen." Neben den Vorschriften, die die Versorgung der Patres mit Nahrung regelten, legte Apollonia die Vorgabe der Stadt als bindend fest, es „sollen nicht mehr als dreizehn oder vierzehn Schwestern angenommen werden und niemals soll man zulassen, dass eine von ihnen vom Dienst der Kranken ausgenommen werde; sondern alle, die aufgenommen werden, sollen darauf den Habit begehren und die Profess ablegen, dass sie alle zu ihrer Zeit den Kranken getreulich dienen wollen und diesen Dienst niemals stehen lassen auf Dienstboten, die um Lohn dienen; denn dieses Werk müsse hervorgehen aus der Liebe Gottes. Auch wünscht Mutter Apollonia, dass der Pater im Beyart die kranken ‚welsche' Beicht höre", indem er den Beichtenden ein geistliches Gegenüber bot, „und den Kranken überhaupt ab und zu mit geistlichem Trost beistehen solle. Diese beiden Punkte seien aber noch nicht genehmigt … Zum Schluss heißt es: ‚Dies ist vorgetragen anno 1626 im September. Dies begehre ich um Gottes willen auch nach meinem Tode genau gehalten zu werden'."

Weiteres Licht in das organisatorische Dunkel und manche ausstehende Vereinbarung mit dem Stadtrat gab eine Vertragsergänzung vom 24. Januar 1630. Der Ergänzungsvertrag zur Hospitalordnung von 1622 sicherte das Bestehende und öffnete den weiteren Weg für das Anwachsen der Elisabethinnen, wenn er auch weiter mühevoll war: Auch unter Leitung der Mutter Sophia holte die

Pest besonders um 1628/1629 das Hospital ein, wieder kam es zu Platzmangel im Beyart. Die Pestwelle in Aachen endete erst 1635.

Nach der kirchlichen Anerkennungsurkunde des Bistums Lüttich wurde 1631 aus der Ordensgenossenschaft, die bis dahin dem Papst unterstellt war, mit feierlichen Gelübden nun eine Diözesankongregation unter der Aufsicht des Ortsbischofs. Sie gab sich nun ihre Statuten und regelte damit die Krankenpflege als Beruf und Berufung der Schwestern, die Aufnahme der Novizinnen, die Einhaltung der Klausur und der Armutsregeln. Zwar gaben die Statuten vor, die Schwestern sollen ein graues Habit tragen, obwohl das einzige Bild, das von Apollonia existiert, sie auf ihrem Sterbebett im braunen Habit zeigt.

Ins Licht der Auferstehung folgte ihr ihre viel jüngere Freundin Leonora van Grevenbroeck nur fünfzigjährig bereits am 3. Dezember 1647 nach. Sie war vermutlich zu Beginn des Jahres 1642 für immer nach Aachen umgesiedelt und blieb als „weltgeistliche Jungfrau" bis an ihr Lebensende geistliche Mutter der Gemeinschaft.

Unter der Mutter Gertrud Bernaerts in ihrer Nachfolge entstanden rechtlich selbstständige Töchtergründungen, so, wie oben beschrieben, 1650 in Düren und 1675 in Luxemburg. In ihre Amtszeit fiel auch der große Stadtbrand von 1656, der das gerade neu erbaute Spital zerstörte, es musste neu errichtet werden.

Während der Besatzung durch die Franzosen von 1792 waren die Rechte des Ordens stark eingeschränkt. Das Vermögen von Hospital und Kloster wurde

1799 beschlagnahmt und enteignet. Allerdings war man auf die Elisabethinnen angewiesen, die sich als „Gasthausschwestern" der Krankenpflege widmeten, darum entgingen sie der allgemeinen Klosterauflösung. Das linksrheinische Gebiet wurde 1801 unter französische Verwaltung gestellt. Der Habit durfte nur noch im Kloster getragen werden, die Schwestern durften damit nicht außerhalb ihrer eigenen vier Wände auftreten. Die Schwestern wurden staatlich vereinnahmt zu Angestellten der Behörde für die Krankenpflege.

Unter preußischer Regierung, die im Jahr 1815 begann, feierten die Elisabethinnen 1822 ihr zweihundertjähriges Bestehen. Ungefähr ab dieser Zeit erfolgte eine Vertragsänderung mit der Stadt Aachen, die dazu führte, dass das Vermögen der Schwesterngemeinschaft nicht mehr automatisch in die städtische Armenkasse floss, sondern vom Kloster selbst verwaltet werden konnte. Erst mit einem Abstand von sechzig Jahren konnten 1855 wieder elf Schwestern, darunter Mutter Hyazintha Lequis erstmals wieder Ewige Gelübde ablegen. Von nun an gaben sich die Schwestern Ordensnamen.

Die Zahl der Schwestern war seit der der Vertragsänderung nicht mehr auf vierzehn Ordensmitglieder begrenzt. So konnte sich der Orden von da an ausweiten und verzweigen: Mehr als dreihundertfünfzig Schwestern wirkten in Deutschland, Belgien und den Niederlanden in vom Aachener Mutterhaus abhängigen Filialen.

Aachener Hauptfilialen prägen die Stadtgeschichte bis heute. Die Pflege der Kranken im Maria-Hilf-Spital wurde von 1855 an von den Elisabethinnen geleistet. Das Hospital mit 260 Betten war 1848 an der Monheimsallee in der Nachfolge des Elisabeth- und des Marianischen Hospitals errichtet worden; vielen Aachenern ist es als Neues Kurhaus oder auch als langjährige Unterkunft des Spielcasinos bekannt. Auch versorgten die Elisabethinnen ab 1904 den direkten Vorgänger der Universitätsklinik, das Elisabeth-Krankenhaus auf dem Grundstück in der Goethestraße, von 1875 an in städtischem Besitz. Es wurde auf dem Gelände erbaut, das von 1865 an den Alexianerbrüdern gehört hatte und auf dem sie eine „Irrenanstalt für Männer" errichtet hatten. Ein Erweiterungsbau mit Kapelle wurde über der Quelle errichtet, die es auf dem Grundstück gab, von den Brüdern „Mariabrunn" genannt.

Den Beschluss zum Neubau eines Krankenhauses auf dem Gelände der erweiterten Anstalt „Mariabrunn" trafen die Mitglieder der Stadtverordnetenversammlung im Süden Aachens 1889. Die Finanzierung verdankte auch dieser Krankenhausbau dem Elisabethfonds. 1902 wurde mit dem Bau begonnen, 1905 wurden Krankenhaus und Kapelle der heiligen Elisabeth geweiht.

Das Krankenhaus war nach dem Vorbild des „Neuen Allgemeinen Krankenhauses" im Eppendorf erbaut. Heinrich Curschmann hatte für das Krankenhaus in Hamburg das „Baracken-System" erdacht. Diesem Vorbild folgend wurde im sogenannten Pavillonstil mit 466 Betten gebaut. Als Bau mit mehreren Bettenpavillons galt die dezentrale Anlage ebenso wie ihr Vorbild in Hamburg-Eppendorf als Vorreiter zum Schutz vor Ansteckung und Seuchen. Das Alte Klinikum bestand bis 1984; auf dem Gelände hat das kirchliche Hilfswerk missio seine Heimat gefunden.

Gleichzeitig aber hatte die Stadt, die weiterhin Eigentümerin des ersten Mutterhauses am heutigen Münsterplatz war, dafür eine andere Verwendung vorgesehen als ein Spital. 1904 mussten die Schwestern also in das zweite Mutterhaus in die Pontstraße umziehen. An der Stelle des ersten Mutterhauses steht seit 1910 ein Hauptgebäude der Sparkasse Aachen.

Bald wurde das zweite Mutterhaus zu klein, das dritte wurde am Preusweg erbaut, 1937 konnten die Schwestern umziehen. Die Nationalsozialisten enteigneten das große Gebäude 1941 und nutzten es als Polizeikaserne für Gestapo und Waffen-SS. Die Schwestern wurden zum Teil Opfer des Krieges oder sie pflegten Verwundete in den Lazaretten. Die Nachkriegszeit war von Wiederaufbau geprägt und der Sorge um Vertriebene, Flüchtlinge und ältere Menschen.

Das Lebensgefühl im Mutterhaus ist mittlerweile durch die zunehmende Verknüpfung mit den selbstständigen Gründungen des 17. bis 20. Jahrhunderts in Luxemburg, Österreich, in Mittel- und Osteuropa, Kanada und Deutschland geprägt.

Bildeten in den Anfängen der Gemeinschaft noch Lebens- und Wirkungsstätte eine Einheit, weil Krankenpflege und gemeinsames Leben der Schwestern in demselben Gebäude stattfand, so konzentriert sich ihre Existenz nicht mehr nur auf einen (räumlichen) Lebensmittelpunkt. Im Mutterhaus erhalten die jungen Schwestern ihre Ausbildung, hierhin kehren sie im Alter zurück.

Ihre klösterliche Kultur verbindet sie über Generationen hinweg in ihrem Selbstverständnis auf der Grundlage des Testaments, das Apollonia Radermecher für ihre Schwestern formulierte und das als Licht über ihrem gemeinsamen Leben steht: „Bewahret über alles die Liebe, die Armut und die Klausur. Seid versichert, alles wird gut gehen, solange ihr diese beobachtet!"

LITERATUR UND LINKS

Alexianer Aachen GmbH, 680 Jahre Alexianer Aachen. www.alexianer-aachen.de/wir_ueber_uns/alexianer_aachen_gmbh/geschichte/680_jahre_alexianer_in_aachen <Zugriff 22.08.2018>.

Austria-Forum, Krankenhaus der Elisabethinen Graz, austria-forum.org/af/AustriaWiki/Krankenhaus_der_Elisabethinen_Graz <Zugriff 22.08.2018>.

Brans, Hans Otto, Der Orden der Cellitinnen zur heiligen Gertrud in Düren 1521-2009, Düren 2010

Breuer, Manfred, Aachener Melaten. Das Leprosorium und der Hof Gut Melaten in der Aachener Hospitalgeschichte, in: Dominik Groß/Axel Karenberg (Hg.), Medizingeschichte im Rheinland. Beiträge des „Rheinischen Kreises der Medizinhistoriker" [= Axel Karenberg (Hg.), Schriften des Rheinischen Kreises der Medizinhistoriker, 1], Kassel 2009, 27-41.

Cremer, Barbara, Elisabeth von Thüringen. Die lebensfrohe Wohltäterin, in: Michael Langer (Hg.), Licht der Erde. Die Heiligen. 100 große Geschichten des Glaubens, München 2006, 331-339.

Deutsche Franziskanerprovinz, www.franziskaner.de <Zugriff 22.08.2018>.

Domkapitel Aachen, Die Aachener Heiligtumsfahrt, http://www.heiligtumsfahrt2014.de/wissenswertes/heiligtumsfahrt-aachen/index.html <Zugriff 22.08.2018>.

Dor Film und Lunafilm Verleih, Die unabsichtliche Entführung der Frau Elfriede Ott. Presseheft, 2010, http://www.lunafilm.at/presse/unabsichtlicheentfuehrung/unabsichtlicheentfuehrung.pdf <Zugriff 22.08.2018>.

van Eijnatten, Joris/van Lieburg, Fred, Niederländische Religionsgeschichte, Göttingen 2011.

Engele, Robert, Ein Spital für „arme Weiber", in: Kleine Zeitung (Steiermark), 4. April 2010, 34f.

Evangelischer Kirchenkreis Aachen, Zur Geschichte der Protestanten im Raum Aachen, www.kirchenkreis-aachen.de/geschichte-kirchenkreis-aachen <Zugriff 22.08.2018>.

Gerace, Antonio, Textual Criticism, Biblical Commentaries and Theology of Grace in Louvain's "Golden" Sixteenth Century, Leuven 2017, www.kuleuven.be/onderzoek/portaal/#/projecten/3H130452?hl=en&lang=en <Zugriff 22.08.2018>.

Hospitalordnung, Stadtarchiv Aachen, Hs. 45.

Iserloh, Erwin/Glazik, Josef/Jedin, Hubert, Reformation. Katholische Reformation und Gegenreformation [=Hubert Jedin (Hg.), Handbuch der Kirchengeschichte, 4], Freiburg/Basel/Wien 1979.

Kirchner, Thomas, Katholiken, Lutheraner und Reformierte in Aachen 1555-1618. Konfessionskulturen im Zusammenspiel (= Spätmittelalter, Humanismus, Reformation, 83), Tübingen 2015.

Lehrstuhl Frühe Neuzeit des Historischen Seminars der Westfälischen Wilhelms-Universität Münster, Einführung in die Frühe Neuzeit, Aachener Händel 1582, www.uni-muenster.de/FNZ-Online/politstrukturen/konfessza/glossar.htm <Zugriff 22.08.2018>.

Linhardt, Erich/Höfer, Ralf A., Die Elisabethinen in Graz. Eine Geschichte des Klosters und Spitals der Elisabethinen in der steirischen Landeshauptstadt, sowie Notizen zu diesem Orden und seiner Namensgeberin. Konvent der Elisabethinen, Graz 1995.

missio Aachen, Geschichte von missio, https://www.missio-hilft.de/ueber-missio/geschichte-von-missio/krankenhaus-und-kapelle <Zugriff 22.08.2018>.

Oehmen-Vieregge, Rosel, Die Genderperspektive in der kirchlichen Zeitgeschichte am Beispiel der Renaissance der Beginenkultur, in: Herr, Corinna/Woitas, Monika (Hg.), Musik mit Methode. Neue kulturwissenschaftliche Perspektiven, Köln/Weimar/Wien 2006, 91-105, online: www.dachverband-der-beginen.de/images/Aufsatz_Renaissance_Beginenkultur.pdf <Zugriff 22.08.2018>.

Ökumenische CitySeelsorge Aachen/Kirche für die Stadt e.V., citykirche.de.

Pauls, Emil, Anfertigung einer Monstranz für die Klosterkirche der Abtei Burtscheid durch den Aachener Goldschmied Dietrich von Rodt im Jahre 1618/19, in: Zeitschrift des Aachener Geschichtsvereins. 19. Band, Aachen 1897, 217–220.

Riedel-Spangenberger, Ilona, Erzpriester, in: Lexikon für Theologie und Kirche, 3, Freiburg 2006, 857.

Rosenberg, Marc, Der Goldschmiede Merkzeichen, 1. Deutschland A-C, Frankfurt/M. 1922.

Rotthoff-Kraus, Claudia, Das Aachener Hospital am Radermarkt von seiner Gründung im Jahre 1336 bis zu seiner Übergabe an die Elisabethinnen im Jahre 1622. Ein Beitrag zur Sozialgeschichte der Stadt Aachen im späten Mittelalter, in: Marlene Nikolay-Panter/Wilhelm Janssen/Wolfgang Herborn (Hg.), Geschichtliche Landeskunde der Rheinlande. Regionale Befunde und raumübergreifende Perspektiven. Georg Droege zum Gedenken, Köln 1994, 304-327.

Savelsberg, H., Zur Geschichte der Heppions-Wassermühle, in: Heinrich Schnock (Hg.), Aus Aachens Vorzeit. Mitteilungen des Vereins für Kunde der Aachener Vorzeit 14 (1901), 2-15.

Schäfer, Christoph, Die Geschichte der Niederlande im 16. bis 18. Jahrhundert, April 2004, www.uni-muenster.de/NiederlandeNet/nl-wissen/geschichte/vertiefung/anfaenge/index.html <Zugriff 22.08.2018>.

Schmitz-Cliever, Egon, Die Heilkunde in Aachen von römischer Zeit bis zum Anfang des 19. Jahrhunderts, Sonderdruck aus der Zeitschrift des Aachener Geschichtsvereins, Band 74/75, Aachen 1963.

Schmitz-Dobbelstein, Willibalda, Die Hospitalschwestern von St. Elisabeth in Aachen 1622-1922, aus derselben Genossenschaft, Aachen 1922.

Schwestern der heiligen Elisabeth, www.elisabethinnen.de <Zugriff 22.08.2018>.

STAWAG Aachen, Baumaßnahme Elisabethstraße: Archäologischer Fund, 17.05.2013, www.stawag.de/unternehmen/presse/baumassnahmen/baumassnahme-elisabethstrasse-archaeologischer-fund/# <Zugriff 28.08.2017>.

Uniklinik RWTH Aachen, Geschichte der Heilkunde in Aachen. Renaissance und Barock, www.ukaachen.de/kliniken-institute/institut-fuer-geschichte-theorie-und-ethik-der-medizin/institut/geschichte-der-heilkunde-in-aachen/renaissance-und-barock.html <Zugriff 22.08.2018>.

Vorstand des Universitätsklinikums Hamburg-Eppendorf (UKE, Hg.), 125 Jahre UKE. Rückblick und Ausblick, Hamburg 2014.

Wim, François, A Golden Age of Biblical Scholarship in Louvain and Douai (1550-1650). Doctoral research project, Katholieke Universiteit Leuven, Faculty of Theology and Religious Studies/Doctoral Programme in Religious Studies (Leuven), http://www.kuleuven.be/research/researchdatabase/project/3H13/3H130452.htm.